名师名校新形态
通识教育系列教材

现代礼仪教程

李荣建◎主编

祝凌 黄文静◎副主编

人民邮电出版社

北京

图书在版编目（CIP）数据

现代礼仪教程 / 李荣建主编. -- 北京 ： 人民邮电
出版社，2022.3
名师名校新形态通识教育系列教材
ISBN 978-7-115-58569-1

Ⅰ．①现… Ⅱ．①李… Ⅲ．①礼仪－教材 Ⅳ.
①K891.26

中国版本图书馆CIP数据核字（2022）第015648号

内 容 提 要

本书由 3 篇、6 章组成，包括礼仪文化篇、礼仪修养篇和礼仪运用篇。第 1 篇为礼仪文化篇，包含第 1 章中国礼仪文化与历代礼仪名家、名士。第 2 篇为礼仪修养篇，包含第 2 章形象礼仪和第 3 章气质修炼。第 3 篇为礼仪运用篇，包含第 4 章家庭邻里交往礼仪、第 5 章社会交往礼仪和第 6 章仪式礼仪。

本书内容贯穿古今，除了系统地介绍现代实用礼仪知识，还精选、提炼了中国传统礼仪文化中的精髓，让读者能够真正收到内外兼修的实效。此外，本书的案例分析和延伸阅读也是精选之作，除了可以让读者加深对每章知识点的理解，还能拓展读者的知识宽度和深度。本书每章都配有内容丰富的课堂练习，既紧扣重要知识点，有助于读者巩固所学内容，又能引导读者思考和实践。

本书可作为高校礼仪公共课程通用教材，也可作为企事业单位员工内训教材，还可作为个人学习礼仪文化、个人行为规范和待人接物方法的参考书。

◆ 主　　编　李荣建

　　副 主 编　祝　凌　黄文静

　　责任编辑　祝智敏

　　责任印制　王　郁　陈　犇

◆ 人民邮电出版社出版发行　　北京市丰台区成寿寺路 11 号
　　邮编　100164　电子邮件　315@ptpress.com.cn
　　网址　https://www.ptpress.com.cn
　　三河市君旺印务有限公司印刷

◆ 开本：720×960　1/16
　　印张：12.75　　　　　　　　　2022 年 3 月第 1 版
　　字数：231 千字　　　　　　　2022 年 3 月河北第 1 次印刷

定价：49.80 元

读者服务热线：(010)81055256　印装质量热线：(010)81055316
反盗版热线：(010)81055315
广告经营许可证：京东市监广登字 20170147 号

编 委 会

主　编：李荣建

副主编：祝　凌　黄文静

委　员：汤　凌　原锦林　何立苇

秘书长：李晓雨

序 FOREWORD

礼仪是人类文化的结晶，社会文明的标志，具有鲜明的时代特征与地方特色。

礼仪具有传承性，历经岁月的洗礼，尊老爱幼、热情待客、遵时守约、礼尚往来、严于律己、宽以待人等优秀礼仪从古代传承至今。礼仪具有发展性，与时俱进。随着社会的进步和科技的发展，电话礼仪、电梯礼仪、网络礼仪、握手礼仪等现代礼仪应运而生，极大地丰富了礼仪的内容和外延，使博大精深的礼仪文化更加丰富多彩，精彩纷呈。

我国是文明古国、礼仪之邦，讲"礼"重"仪"是中华民族的优良传统。继承和发扬优秀礼仪文化，学习和实践现代礼仪，有助于提高个人素养和交际能力，有利于构建文明社会与和谐世界。

孔子说："不学礼，无以立。"礼仪是做人的规范，做事的规矩。为了满足当代大学生学习礼仪的迫切需求，受人民邮电出版社的盛情邀请，我带领五位富有才华和教学经验的中青年礼仪工作者，同心协力编著了这本简明、实用的现代礼仪通识教材。

本教材在立项过程中，得到了人民邮电出版社的宝贵支持，我们谨此深表敬意。本教材在编撰、出版过程中，编辑李晓雨付出了辛勤的劳动，令人钦佩和感动。知名学者谢贵安教授、张思齐教授、冯兰教授、车英教授、丁永玲教授、王涛博士对书稿提出了宝贵的修改意见，我们向他们表示衷心的感谢。

本教材适用于本专科院校学生的通识教育，也可作为广大青年读者自学现代礼仪的有益读物和参考书。

感谢大家选择本教材，欢迎业界同仁和热心读者提出宝贵意见，以便日后修订，逐渐完善本教材。

李荣建
2021年3月于武汉大学

前言 PREFACE

编者团队撰写这本《现代礼仪教程》的初衷有三。第一，贯穿古今中国礼仪文化，并将其进行有机融合，形成古为今用且适合现代社会的现代礼仪；第二，尽力解决一些表现突出但暂被忽视的问题，如气质修养中的心理因素等；第三，补充一些新的、与时俱进的礼仪规范，如网络课程礼仪、志愿者礼仪等。

了解历史才能更好地把握现在，所以我们有必要先介绍礼仪的起源和发展。我们的先贤提出了"修身、齐家、治国、平天下"的观点，这是个人逐步完善、成长的发展过程，从礼仪学习的角度来看，分别涉及个人修养礼仪、家庭邻里交往礼仪和社会交往礼仪。"礼仪"中的"仪"可以理解为"仪式"，必要的仪式更能表达我们的敬仰、尊重、祝愿等，而且很多仪式经过历史的沉淀，已成为中华文化不可分割的重要组成部分，而这些文化又滋养、丰富着我们的精神，所以梳理礼仪的发展历程就很有必要。以上构思形成了本书的主体内容。

本书从讲解中国礼仪文化入手，涵盖形象礼仪、气质修炼、家庭邻里交往礼仪、社会交往礼仪、仪式礼仪等内容。

第1篇为礼仪文化篇，包含第1章中国礼仪文化与历代礼仪名家、名士。本篇深入浅出，梳理礼仪的发展历程，带领读者从历代礼仪名家、名士的经典名篇、名言中领悟礼仪的精髓。

第2篇为礼仪修养篇，包含第2章形象礼仪和第3章气质修炼。本篇设有图文解析，内容简明、实用，让内在为外在赋能、外在为内在添彩，展示个人综合素养。

第3篇为礼仪运用篇，包含第4章家庭邻里交往礼仪、第5章社会交往礼仪和第6章仪式礼仪。本篇理论结合实践，介绍学习、生活、社交、涉外等不同场景中礼仪的实际运用。

为了使读者更好地学习与礼仪相关的知识，本书以精练、实用为目标，通过丰富多样的形式由浅入深地讲解了礼仪知识及其运用。本书的特色具体如下。

每章要点和学习目标明确，方便读者带着目标学习。每章配有丰富的练习，读者可在学习每章后检验自己是否掌握了每章要点，并增强了综合运用每章知识的能力。每章重要知识点讲解透彻，实用性好，实操性强。

建议本书内容分32课时完成，其中第1章3课时，第2章6课时，第3章5课时，第4章3课时，第5章12课时，第6章3课时。教师也可根据课时情况选讲部分内容。

本书由李荣建教授全面负责撰写指导工作，第1章、第3章（3.1和3.3）、第6章由祝凌老师撰写，第2章（2.1和2.2）、第4章由汤凌老师撰写，第2章（2.3）由何立苇老师撰写，第3章（3.2）、第5章（5.1～5.5）由原锦林老师撰写，第5章（5.6～5.11）由黄文静老师撰写。祝凌老师负责通读全文。

由于编者学术水平有限，书中难免存在欠妥之处，因此，编者由衷希望广大读者和专家学者能够拨冗提出宝贵的修改建议。

编　者
2021年春于武汉

目 录 CONTENTS

第1篇　礼仪文化篇

第2篇　礼仪修养篇

第3篇　礼仪运用篇

第1篇

礼仪文化篇

第1章 中国礼仪文化与历代礼仪名家、名士

中国有礼仪之大，故称夏；
有服章之美，谓之华。

——《春秋左传》

★ 本章要点

1. 中国礼仪的发展阶段及特点。
2. 中国历代礼仪名家、名士及礼仪倡导。
3. 君子如何立德修身。
4. 中华民族的家国情怀。

🎯 学习目标

1. 了解中国礼仪发展历史的 8 个阶段及不同阶段的特点，理解中国礼仪文化的厚重和智慧。
2. 了解具有代表性的礼仪名家，理解他们对礼仪的倡导。
3. 理解何为"君子"，了解先贤如何以君子之道修身，并以此指导自己不断进步。
4. 理解家国情怀与个人价值实现的关系。

孔子拜见老子

公元前521年春，孔子得知他的学生南宫敬叔奉鲁国国君鲁昭公之命，要前往周朝京都洛邑（今河南洛阳）去朝拜天子，觉得这是个向周朝守藏史老子请教"礼制"学识的好机会，于是征得鲁昭公的同意后，孔子与南宫敬叔同行。到达京都的第二天，孔子便徒步前往守藏史府去拜望老子。

正在书写《道德经》的老子听说誉满天下的孔丘前来求教，赶忙放下手中刀笔，整顿衣冠出迎。孔子见大门里出来一位精神矍铄的老人，料想他便是老子，急趋向前，恭恭敬敬地向老子行了弟子礼。进入大厅后，孔子再拜后才坐下来。老子问孔子为何事而来。孔子离座回答："我学识浅薄，对古代的礼制一无所知，特地向老师请教。"老子见孔子这样诚恳，便详细地抒发了自己的见解。

回到鲁国后，孔子的学生们请求他讲解老子的学识。孔子说："老子博古通今，通礼乐之源，明道德之归，确实是我的好老师。"同时还打比方赞扬老子，他说："鸟儿，我知道它能飞；鱼儿，我知道它能游；野兽，我知道它能跑。善跑的野兽我可以结网来逮住它，会游的鱼儿我可以用丝条缚在鱼钩上来钓到它，高飞的鸟儿我可以用良箭把它射下来。至于龙，我却不知道它是如何乘风云而上天的。老子，其犹龙邪！"

思考 ⊘

孔子在哪些地方表现出了"礼"？对你有什么启发？

案例引申 ⤴

礼仪是道德的基本评价标准。我国自古以来就是一个重视礼仪的国家，并以"礼仪之邦"闻名于世，我国人民自古就有知书达礼的传统美德。"虚席以待""程门立雪""三顾茅庐"等以礼相待的成语和典故在历史上广为传诵，也深刻反映了这一点。知礼、讲礼、待人彬彬有礼，体现了对他人的尊重，是保持和谐人际关系的准则。

1.1 中国礼仪的起源与发展

学"礼"

中国自古就以"礼仪之邦"闻名于世，其漫长的礼仪发展史大致可以分为礼仪的萌芽时期、礼仪的草创时期、礼仪的形成时期、礼仪的发展和变革时期、礼仪的强化时期、礼仪的衰落时期、现代礼仪的形成时期和当代礼仪的革新、复兴时期8个阶段。礼仪的形成和发展经历了一个从无到有、从低级到高级、从零散到完备的渐进过程。

1.1.1 礼仪的萌芽时期

礼仪起源于原始社会时期，在100多万年的原始社会历史中，人类逐渐开化。在原始社会中、晚期（约旧石器时代），出现了早期礼仪的萌芽。例如，生活在距今很多年前的北京周口店的山顶洞人，就已经知道打扮自己。他们用穿孔的兽齿和石珠作为装饰品，挂在脖子上。他们在去世的族人身旁撒放赤铁矿粉，举行原始宗教仪式，这是迄今为止在中国发现的最早的葬仪。

1.1.2 礼仪的草创时期

公元前1万年左右，人类进入新石器时代，不仅能制作精细的磨光石器，而且开始从事农耕和畜牧。在其后的数千年里，原始礼仪渐具雏形。例如，人们在今西安附近的半坡遗址中，发现了生活在距今约5000年前的半坡村人的公共墓地，墓地中坑位排列有序，死者的身份有所区别，埋藏方式有带殉葬品的仰身葬，也有无殉葬品的俯身葬等。此外，仰韶文化时期的其他遗址及有关资料表明，当时人们已经注意尊卑有序、男女有别，而且长辈坐上席、晚辈坐下席等礼仪日趋明确。

1.1.3 礼仪的形成时期

公元前21世纪—前771年，人类处于青铜器时代，金属器皿的使用使农业、畜牧业、手工业生产跃上了一个新台阶。随着生活水平的提高，社会财富除消费外有了剩余，并逐渐集中到少数人手里，因而出现了阶级及阶级对立，原始社会由此解体。

公元前21世纪—前16世纪的夏朝，中国开始从原始社会末期过渡到早期的奴隶社会。在此期间，"尊神活动"日渐升温。

🔗 知识链接

"禮"字的含义

在原始社会，由于缺乏科学知识，人们对一些自然现象无法理解。他们猜想照耀大地的太阳是神，风有风神，河有河神……因此，他们敬畏"天神"，祭祀"天神"。从某种意义上说，早期礼仪是指原始社会人类生活的若干准则，同时，它又是原始社会宗教信仰的产物。礼的繁体字"禮"，左边代表神，右边代表向神进贡的祭物。因此，汉代学者许慎说："礼，履也，所以事神致福也。"（《说文解字》）

🔗 知识链接

以殷墟为中心展开活动的殷人，于公元前14世纪—前11世纪活跃在中华大地。他们建造了中国第一个古都——殷都（今河南安阳），而他们在婚礼习俗上的建树，被其尊神、信鬼的狂热所掩盖。

推翻殷王朝并取而代之的周朝，在礼仪方面建树颇多。特别是周武王的兄弟、辅佐周成王的周公，对周朝礼制的确立起了重要作用。他制作礼乐，将人们的行为举止、心理情操等统统纳入一个尊卑有序的模式之中。全面介绍周朝制度的《周礼》，是中国流传至今的第一部礼仪专著。《周礼》又名《周官》，本为一官职表，后经整理，成为讲述周朝典章制度的著作。《周礼》原有6篇，详细介绍了6类官名及其职权，现存5篇，缺佚的第6篇用《考工记》弥补。

周朝的"六官"及期主管事务

- 天官：主管宫事、财货等。
- 地官：主管教育、市政等。
- 春官：主管五礼、乐舞等。
- 夏官：主管军旅、边防等。
- 秋官：主管刑法、外交等。
- 冬官：主管土木、建筑等。

注：春官主管的五礼即吉礼、凶礼、宾礼、军礼和嘉礼，这些是周朝礼仪制度的

重要部分。吉礼指祭祀的典礼；凶礼主要指丧葬礼仪；宾礼指诸侯对天子的朝觐及诸侯之间的会盟等礼节；军礼主要包括阅兵、出师等仪式；嘉礼包括冠礼、婚礼、乡饮酒礼等。

许多基本礼仪在商末周初已基本形成。此外，成书于商周之际的《易经》和在周朝大体定型的《诗经》，也有一些涉及礼仪的内容。

在西周，青铜礼器是个人身份的表征。礼器的多寡代表了个人身份地位的高低，形制的大小显示着个人权力的等级。当时，贵族佩带成组玉饰成为风气。相见礼和婚礼（包括纳采、问名、纳吉、纳征、请期、亲迎"六礼"）则成为定式，流行于民间。此外，尊老爱幼等礼仪也已明显确立。

1.1.4 礼仪的发展和变革时期（公元前770—前221年）

西周末期，王室衰微，诸侯纷起争霸。公元前770年，周平王东迁洛邑，建立东周王朝。承继西周的东周王朝已无力全面恪守传统礼制，出现了所谓"礼崩乐坏"的局面。

东周所处的春秋战国时期是我国从奴隶社会向封建社会转型的时期。在此期间，相继涌现出孔子、孟子、荀子等思想巨人，他们发展和革新了礼仪理论。

1.1.5 礼仪的强化时期（公元前221—1796年）

公元前221年，秦王嬴政统一中国，建立起中国历史上第一个中央集权的封建王朝，秦始皇在全国推行"书同文""车同轨""行同伦"。秦朝制定的中央集权制度成为后来延续2000余年的封建体制的基础。

西汉初期，叔孙通协助汉高祖刘邦制定了朝礼之仪，突出发展了礼的仪式和礼节。而西汉思想家董仲舒则把封建专制制度的理论系统化，汉武帝刘彻采纳董仲舒"罢黜百家，独尊儒术"的建议，使儒家礼教成为定制。汉朝时，孔门后学编撰的《礼记》问世。

宋朝出现了以儒家思想为基础，兼容道学、佛学思想的理学。此外，家庭礼仪研究硕果累累，是宋朝礼仪发展的另一个特点。

明朝时，交友之礼更加完善，而忠、孝、节、义等礼仪则日趋繁多。

1.1.6 礼仪的衰落时期（1796—1911年）

满族入关后，逐渐接受了汉族的礼制，并且使其复杂化，导致一些礼仪显得虚浮、烦琐。例如，清朝的品官相见礼，当品级低者向品级高者行拜礼时，动辄一跪三叩，重则三跪九叩（《大清会典》）。清朝后期，古代礼仪盛极而衰。而伴随着西学东渐，一些西方礼仪传入中国，如北洋新军便采用西方军队的举手礼，以代替不合时宜的打千礼。

1.1.7 现代礼仪的形成时期

1911年年末，清朝土崩瓦解，远在美国的孙中山先生（1866—1925年）火速回国，于1912年1月1日在南京就任中华民国临时大总统。孙中山先生和战友破旧立新，用民权代替君权，用自由、平等取代宗法等级制度；普及教育，改易陋俗，剪辫子、禁缠足等，从而正式拉开了现代礼仪的帷幕。

民国时期，由西方传入中国的握手礼开始流行于上层社会，后逐渐普及于民间。20世纪三四十年代，中国共产党领导的苏区、解放区重视文化教育事业及移风易俗，进而谱写了现代礼仪的新篇章。

1.1.8 当代礼仪的革新、复兴时期

1949年10月1日，中华人民共和国宣告成立，中国的礼仪建设进入一个崭新的历史时期。新中国成立以来，礼仪的发展大致可以分为以下3个阶段。

一、礼仪革新阶段（1949—1966年）

1949—1966年是中国当代礼仪发展史上的革新阶段。此间，我国摒弃了昔日束缚人的封建礼教，确立了合作互助关系和男女平等的新型社会关系，且尊老爱幼、讲究信义、以诚待人、先人后己、礼尚往来等中国传统礼仪中的精华得到了继承和发扬。

二、礼仪扭曲阶段（1966—1976年）

中国于1966—1976年进行了"文化大革命"，许多优良的传统礼仪遭到破坏，社会风气逆转。

三、礼仪复兴阶段（1977年至今）

1978年，中国共产党第十一届中央委员会第三次全体会议以来，中国的礼仪建设进入了新的全面复兴时期。1981年开始的"五讲四美"活动；1996年10月10日，中国共产党第十四届中央委员会第六次全体会议通过了《中共中央关于加强社会主义精神文明建设若干重要问题的决议》；2001年9月20日，中共中央印发《公民道德建设实施纲要》，号召全国人民"继承中华民族几千年形成的传统美德……使公民道德建设既体现优良传统，又反映时代特点，始终充满生机与活力"；2005年10月8—11日，在北京举行的中国共产党第十六届中央委员会第五次全体会议，进一步提出构建"民主法治、公平正义、诚信友爱、充满活力、安定有序、人与自然和谐相处"的社会主义和谐社会。

2013年12月30日，中共中央政治局就提高国家文化软实力研究进行第十二次集体学习，提出提高国家文化软实力，努力展示中华文化的独特魅力，倡导要以理服人，以文服人，以德服人。

2014年2月24日，中共中央政治局就培育和弘扬社会主义核心价值观、弘扬中华传统美德进行第十三次集体学习，提出"继承和发扬中华优秀传统文化和传统美德，广泛开展社会主义核心价值观宣传教育，积极引导人们讲道德、尊道德、守道德，追求高尚的道德理想……推动人们在为家庭谋幸福、为他人送温暖、为社会作贡献的过程中提高精神境界、培育文明风尚"。

2014年9月24日，在人民大会堂举办的纪念孔子诞辰2565周年国际学术研讨会暨国际儒学联合会第五届会员大会，提出"不忘历史才能开辟未来，善于继承才能善于创新。只有坚持从历史走向未来，从延续民族文化血脉中开拓前进，我们才能做好今天的事业。推进人类各种文明交流交融、互学互鉴，是让世界变得更加美丽、各国人民生活得更加美好的必由之路"。

1.2 中国历代礼仪名家、名士

学"礼" 自周朝以来，中国涌现了不少礼仪名家、名士。本书将介绍10余位名气较大、礼仪著作影响深远的名家、名士。此外，在礼仪文化方面有所建树或留下脍炙人口的礼仪名言的名人还有周公、老子、王夫之等。

一、春秋战国时期礼仪名家、名士

春秋战国时期的礼仪名家、名士以大思想家孔子、孟子、荀子为代表。

1. 孔子

孔子（公元前551—前479年）是中国古代的大思想家、大教育家，他首开私人讲学之风，打破贵族垄断教育的局面。他删《诗》《书》，定《礼》《乐》，赞《周易》，修《春秋》，为历史文化的整理和保存做出了重要贡献。儒家十三经之一的《仪礼》，详细记录了战国以前贵族生活的各种礼节仪式。《仪礼》与前述《周礼》和孔门后学编的《礼记》，合称"三礼"，是中国古代最早、最重要的礼仪著作。孔子较系统地阐述了礼及礼仪的本质与功能，把礼仪理论提到了一个新的高度。

2. 孟子

孟子（约公元前372—前289年）是战国时期儒家的主要代表人物。在政治思想上，孟子把孔子的"仁学"思想加以发展，提出了"王道""仁政"学说和"民贵君轻"学说，主张"以德服人"，讲究"修身"和培养"浩然之气"。

3. 荀子

荀子（约公元前325—前238年）是战国末期的大思想家。他主张"隆礼""重法"，提倡礼法并重，提出不仅要有礼治，还要有法治，认为只有尊崇礼，且法制完备，国家才能安宁。荀子重视客观环境对人性的影响，倡导学而至善。

🔗 知识链接

先贤言"礼"

● 孔子

不学礼，无以立。（《论语·季氏》）

质胜文则野，文胜质则史。文质彬彬，然后君子。（《论语·雍也》）

非礼勿视，非礼勿听，非礼勿言，非礼勿动。（《论语·颜渊》）

● 孟子

无恻隐之心，非人也；无羞恶之心，非人也；无辞让之心，非人也；无是非之心，非人也。（《孟子·公孙丑上》）

父子有亲，君臣有义，夫妇有别，长幼有序，朋友有信。（《孟子·滕文公上》）

● 荀子

礼者，人道之极也。（《荀子·礼论》）

礼者，所以正身也；师者，所以正礼也。（《荀子·修身》）

人无礼则不生，事无礼则不成，国家无礼则不宁。（《荀子·大略》）

二、汉唐礼仪名家、名士

汉唐时期的礼仪名家、名士以汉朝大儒董仲舒和"唐宋八大家"之首的韩愈为代表。

1. 董仲舒

董仲舒（公元前179—前104年），汉广川郡（今河北景县广川镇）人，汉朝思想家、哲学家、政治家、教育家。汉武帝于元光元年（公元前134年）下诏征求治国方略，董仲舒在《举贤良对策》中系统地提出"天人感应""大一统"学说。董仲舒把儒家礼仪具体概括为"三纲五常"。"三纲"即"君为臣纲，父为子纲，夫为妻纲"。"五常"即"仁、义、礼、智、信"。董仲舒有100多篇文章、辞赋传世，尚存的有《天人三策》《士不遇赋》《春秋繁露》，以及严可均《全汉书》辑录的文章两卷。

2. 韩愈

韩愈（768—824年），唐朝文学家、哲学家、思想家，河南河阳（今河南孟州）人，祖籍为河北昌黎，世称韩昌黎。韩愈晚年任吏部侍郎，又称韩吏部，是唐朝古文运动的倡导者，后人尊称他为"唐宋八大家"之首。韩愈三进国子监做博士，担任国子监祭酒，招收弟子，亲授学业，留下了论说师道、激励后世和提携人才的文章。韩愈的作品非常丰富，现存诗文700余篇，其中散文近400篇。韩愈以继承儒学道统自居，开宋明理学之先声。

三、宋朝礼仪名家、名士

宋朝的礼仪名家、名士以北宋理学奠基人程颢、程颐和南宋理学家朱熹、陆九渊为代表。

1. 程颢

程颢（1032—1085年），北宋哲学家、教育家、诗人和北宋理学的奠基者，字伯淳，学者称明道先生。他是河南洛阳人，出生于湖北黄陂，北宋嘉祐年间举进士。在学术上，程颢提出"天者理也"和"只心便是天，尽之便知性"的命题，认为"仁者浑然与物同体，义礼知信皆仁也"，识得此理，便须"以诚敬之"，倡导"传心"说，承认"天地万物之理，无独必有对"。

程颢撰有《定性书》《识仁篇》等，后人集其言论所编的著述书籍有《遗书》《文集》等。

2. 程颐

程颐（1033—1107年），洛阳伊川（今河南洛阳伊川）人，世称伊川先生，是北宋理学家和教育家。程颐与其胞兄程颢共创"洛学"，为理学奠定了基础。

其著作有《周易程氏传》《遗书》《经说》，被后人辑录为《程颐文集》。

程颢、程颐学于周敦颐，世称"二程"，同为北宋理学的奠定者。其学说在理学发展史上占有重要地位，后来为朱熹所继承和发展，世称程朱学派。

3. 朱熹

朱熹（1130—1200年），字元晦，祖籍江南东路徽州府婺源县（今江西婺源），出生于南剑州尤溪（今福建尤溪）。朱熹是南宋著名的理学家、教育家、诗人，为程朱学派（"闽学""考亭"学派）的主要代表人物之一。朱熹年十八登进士第，授泉州同安主簿，受学于"二程"三传弟子李侗、罗从彦。朱熹集周敦颐、邵雍、张载、"二程"等北宋以来理学之大成，被视为理学正宗，对后世影响颇大。他长期主持白鹿洞书院、岳麓书院，从事讲学活动，精心编撰了《四书集注》等多种教材，培养了众多人才。

朱熹著有《朱子家礼》（又称《文公家礼》，以下简称《家礼》），内容主要为冠、婚、丧、祭等家庭礼仪和其他家常日用的有关行为规范。《家礼》对宋元以后的中国社会产生了巨大影响，是中国封建社会后期的民间通用礼。不仅如此，《家礼》还曾传播至域外，如韩国、日本等，并对其产生了不小的影响。

4. 陆九渊

陆九渊（1139—1193年），字子静，抚州金溪县（今属江西）人。陆九渊是南宋著名的理学家和教育家，与理学家朱熹齐名，史称"朱陆"。他也是宋明两代"心学"的开山祖，其学说经明代大儒王守仁继承与发扬，成为宋明理学的一个重要派别，对后世影响极大。

🔗 **知识链接**

先贤言"礼"

● 朱熹

让者，礼之实也。（《论语集注》）

古者小学，教人以洒扫、应对、进退之节，爱师、敬长、隆师、亲友之道，皆所以为修身、齐家、治国、平天下之本。（《大学章句》序）

● 欧阳修

君子之修身，内正其心，外正其容。（《左氏辨》）

四、明清礼仪名家、名士

明清时期礼仪名家、名士以明朝心学集大成者王守仁、明末清初大儒顾炎武和清朝著名教育家李毓秀为代表。

1. 王守仁

王守仁（1472—1529年），浙江绍兴府余姚县（今宁波余姚）人，因曾筑室于会稽山阳明洞，自号阳明子，学者称之为阳明先生，亦称王阳明。

王守仁是明朝著名的思想家、文学家和军事家，陆王心学之集大成者，精通儒家、道家、佛家。孔子（儒学创始人）、孟子（儒学集大成者）、朱熹（理学集大成者）和王守仁（心学集大成者）并称为孔、孟、朱、王。其学术思想对外传至日本、朝鲜半岛及东南亚地区。

2. 顾炎武

顾炎武（1613—1682年），明朝南直隶苏州昆山（今江苏昆山）千灯镇人，本名绛，乳名藩汉，因为仰慕文天祥学生王炎午的为人，改名炎武。因故居旁有亭林湖，学者尊其为亭林先生。顾炎武是明末清初杰出的思想家、经学家、史地学家和音韵学家，与黄宗羲、王夫之并称为明末清初"三大儒"。

顾炎武一生辗转，行万里路，读万卷书，创立了一种新的治学方法，成为清初继往开来的一代宗师，被誉为清学"开山始祖"。顾炎武学问渊博，对国家典制、郡邑掌故、经史百家、训诂之学都有研究。晚年治经重考证，开清代朴学风气。其学以"博学于文，行己有耻"为主，合学与行、治学与经世为一，主要作品有《日知录》《天下郡国利病书》《亭林诗文集》等。

3. 李毓秀

李毓秀（1647—1729年），山西省新绛县龙兴镇周庄村人，清初著名学者、教育家。李毓秀平生只考中秀才，主要活动是教书。他致力于治学，精研《大学》《中庸》，创办敦复斋讲学。根据传统教育对童蒙的要求，结合自己的教书实践，李毓秀写成了《训蒙文》，后来经过贾存仁修订，改名《弟子规》。

1.3 中华礼学，立人之本

学"礼"　孔子说："不学礼，无以立。"意思是人不学礼，就无法安身立足。我们每个人只有遵守道德规范、行为准则，才能立足于社会，与社会、与环境相生相融。

1.3.1 志于道，据于德

"志于道，据于德"出自《论语·述而》。

"志于道"，意思是以道为志向，就是立志要高远，要有一个境界。立志不能局限于"小我"，局限于"小我"难成事，更难成就自我；要将"小我"的价值实现与家庭、社会、国家、民族的进步和发展相联系，在成就美好家庭、和谐社会、文明国家、伟大民族中成就自己。

"据于德"，意思是以德为根据，"德"是指为人处世的依据和标准。所谓"德行"，就是指一个人内在的品格素养和外在的行为表现，一个按照礼仪准则、规范要求行为的人，就是一个有"德行"的人。

1.3.2 仁者爱人

仁者是拥有友善之心、满怀爱意的人，是具有大智慧和人格魅力的人。

孟子曰："君子所以异于人者，以其存心也。君子以仁存心，以礼存心。仁者爱人，有礼者敬人。爱人者，人恒爱之；敬人者，人恒敬之。"意思是君子与一般人不同的地方在于，他内心所怀的念头不同。君子内心所怀的是仁，是礼；仁爱的人爱他人，礼让的人尊敬他人。爱他人的人，他人也永远爱他；尊敬他人的人，他人也永远尊敬他。懂得"尊重"是成为一个有礼之人的重要素养，"尊重"是礼仪的核心，包括自尊和尊重他人；另外，懂得"为他人着想"是成为有礼之人的另一个重要素养，"为他人着想"是礼仪的特点。

1.3.3 理想的修身人格——君子

"君子"一词广见于先秦典籍，在先秦典籍中多指"君王之子"，强调地位的崇高。而后"君子"一词被赋予了道德的含义，故"君子"又指品行好的人。历代儒客文人均以君子之道自勉，将其作为自身的行为规范。

《礼记·大学》云："欲治其国者，先齐其家；欲齐其家者，先修其身；欲修其身者，先正其心。"这句话明确指出了齐家、治国的重要前提是修身，故"修身"是人生的首要课题，以"君子之道修吾身"是先贤留给我们的宝贵修身之道。

1.4 家国情怀，树人之德

学"礼"

"家国情怀"是中国优秀传统文化的基本内涵之一，是作为个体的人在中国传统文化的影响下，对价值共同体持有的一种高度认同感，并促使认知共同体朝着积极、正面、良性的方向发展的一种思想和理念。"家国情怀"也是一个人对自己国家和人民所表现出来的大爱，是对国家富强、人民幸福所展现出来的理想追求，是对国家的一种高度认同感和归属感、责任感和使命感。

1.4.1 敬祖列宗

祭祖起源于商朝，传承至今已有近4000年。中国古代重祭祀，祭祀为人生之重大礼仪。《礼记·祭统》说："凡治人之道，莫急于礼。礼有五经，莫重于祭。夫祭者，非物自外至者也，自中出生于心也；心怵而奉之以礼。是故，唯贤者能尽祭之义。"这段话的意思是一切治理人民的措施中，再没有比礼更重要的了。礼有5类，没有比祭礼更重要的了。祭礼不是外物迫使人那样做，而是出自人的内心。人们内心有思念亲人、祖先的念头，表现在行为上就是祭礼，所以只有贤者才能充分理解祭祀的意义。

祭祖是对祖先和圣贤念念不忘，这体现了孝道和师道。我们是谁？我们从哪里来？要到哪里去？祭祀祖先就是让我们开始重新思考这些问题。如果我们对久远的祖先和圣贤尚且念念不忘，那么对眼前的父母、长辈，我们能不孝顺吗？对所有的师长，我们能不敬吗？对自己的子女，乃至一切晚辈，我们能不倍加关心和爱护吗？故而祭祖的根本意义在于教人返本报始，知恩报恩，这既是古圣先贤提倡孝、敬之重要的教育活动，更是以德治国、创建和谐社会之要道。

1.4.2 乡土为根

我们常讲"百家姓"，《百家姓》中有400多个姓氏。据中国科学院统计，目前我国共有22000多个姓氏。虽有万姓之别，但实为同根同源。每一个姓氏就是一个族群，这么多不同的族群团结成一个国家，靠的就是中国传统文化。例如影响力较大的乡土文化——传统上，中国社会大多数阶层都是从乡土社会中分离出去的，在很多行为习惯上都有相似之处，带有乡土性，这是人与人、族群与族群之间黏合的强大纽带。这里要指出的是，"乡土"中的"土"是土地的意思，是中华文化的根。

1.4.3 爱国如家

《汉纪·惠帝纪》中记载："封建诸侯各世其位，欲使亲民如子、爱国如家。"这句话的意思是王、侯要像爱护自己的家室一样爱国爱民。"家"与"国"在汉语中常常被放在一起运用，这是为什么呢？

家国情怀起源于士大夫的人文信仰和人文精神。家国情怀在形成过程中，与儒家思想的三纲五常、宗族伦理、个体意识是密不可分的，是经历了战争失败、骨肉分离、国破家亡之后伤痛思维的沉淀。

家国情怀是特殊历史时期的思想产物，是士大夫精神在整个民族遭受苦难之后的重构，千锤百炼，浴火重生。家国情怀具有时代特征，随着时间的推移，这种超越民族的优秀传统文化在社会建设、国家统一、展现民族凝聚力方面都起到了重要作用。

"爱国如家"的人文精神的形成更为将"个人的价值实现升华至国家之兴旺、民族之崛起"奠立了文化基础。

📚 本章小结

　　本章主要介绍了中国礼仪不同的发展阶段及特点，中国历代礼仪名家、名士及他们的礼仪倡导，君子如何立德修身，中华民族家国情怀内涵和表现形式等内容。通过对本章的学习，读者将有以下收获，并为后面章节的礼仪知识、规范的学习和理解奠定基础。

　　（1）较深刻地理解中国为何被称为"礼仪之邦"——因为我们的礼仪文化源远流长、博大精深，礼仪思想光辉灿烂，礼仪著作丰富多样。

　　（2）认识何为"君子"，君子的雅言善行皆体现"德"，从而明确修身的标准。

　　（3）理解中华民族家国情怀的形成和内涵：敬祖列宗的内涵是不忘根本，传承仁孝，这是家风、国风，也是家族、民族生生不息的根本；乡土为根（姓氏）的追溯让我们理解了同根同源、同宗同族，文化的纽带是联结民族的真正纽带；爱国如家是将个人理想与家庭、社会、国家、民族的兴旺联系在一起，在责任担当中展现个人价值。

延伸阅读

一、关于《礼记》

看到《礼记》，大家的第一感觉就是它与"礼"有关，没错，这本书讲的就是先秦的礼制。相传，在先秦时，原本只有《礼》，它是孔子讲"礼制"这门课的教学材料，但因为规矩的限制，《礼》中没有对礼仪意义的介绍。当时的人们觉得不了解礼仪的意义，礼仪不就成了虚礼吗？所以，孔子的七十二弟子在学礼的过程中写了大量解释礼仪意义的论文，称为"记"。

尽管后来经历了秦始皇焚书坑儒，但原版用先秦古文撰写的"记"依然流传了下来。到东汉，社会上出现了两个版本的《礼记》，一是戴德的《大戴礼记》，二是戴德的侄子戴圣的《小戴礼记》。此后，《大戴礼记》流传不广，在唐代就散失了大半；而《小戴礼记》因为郑玄为它做了出色的注，从此畅行于世，于是后人就把这个版本称为《礼记》。所以，《礼记》又称《小戴礼记》。

《礼记》共计49篇，其中有讲述古代风俗的《曲礼》（第1篇），有谈论古代饮食、居住演化概况的《礼运》（第9篇），有记录家庭礼仪的《内则》（第12篇），有记载服饰制度的《玉藻》（第13篇），有论述师生关系的《学记》（第18篇），还有教导人们道德修养的途径和方法的《大学》（第42篇）等。总之，《礼记》堪称集上古礼仪之大成，是上承奴隶社会、下启封建社会的礼仪汇集，是封建时代礼仪的主要源泉。

盛唐时期，《礼记》由"记"上升为"经"，成为"礼经"三书之一（另外两本为《周礼》和《仪礼》）。

二、"礼"之解读

"礼"是人类文明的标志，《晏子春秋》云："凡人之所以贵于禽兽者，以有礼也。"这句话的意思是人之所以比鸟禽走兽高贵，是因为有礼的存在。

什么是"礼"呢？《曲礼》云："礼，不愈节，不侵侮，不好狎。"这句话的意思是，礼是不逾越节制，不侵犯欺人，不戏谑轻薄。

以"礼"修身的标准有哪些呢？孔子曰："能行五者于天下为仁矣。恭、宽、信、敏、惠。恭则不侮，宽则得众，信则人任焉，敏则有功，惠则足以使人。"意思是能够处处实行这5种品德的人就是仁人，5种品德即庄重、宽厚、诚信、勤敏、慈惠。庄重就不致遭受侮辱，宽厚就会得到众人的拥护，诚信就能得到别人的任用，勤敏就会提高效率，慈惠就能够方便用人。三国时期的刘备也曾说过："勿以恶小而为之，勿以善小而不为。惟贤惟德，能服于人。"这段话的意思是不要以为坏事很小就去做，不要以为好事很小就不去做，只有贤德的人才能让人佩服。

"礼"的重要性和价值体现在哪里呢？清初思想家颜元曾说："国尚礼则国昌，家尚礼则家大，身有礼则身修，心有礼则心泰。"这句话的意思是国家有礼仪则兴旺昌盛，家庭崇尚礼仪就会得到发展，自身有礼就会慢慢成为君子，心中有礼遇事就会泰然自若。

课堂练习

练习一：单选题

1. （   ）是中国流传至今的第一部礼仪专著。
   A.《礼记》　　　　B.《论语》　　　　C.《周礼》　　　　D.《仪礼》

2. （   ）是礼仪的核心。
   A. 友爱　　　　　 B. 尊重　　　　　 C. 谦虚　　　　　 D. 恭敬

3. 中国自古就以"礼仪之邦"闻名于世，其漫长的礼仪发展史大致可以分为（   ）阶段。
   A. 6个　　　　　　B. 7个　　　　　　C. 8个　　　　　　D. 9个

4. 尊老爱幼礼仪的确立是在（   ）。
   A. 新石器时期　　 B. 西周　　　　　 C. 春秋战国时期　 D. 魏晋时期

5. 据中国科学院统计，我国目前共有（   ）姓氏。
   A. 100多个　　　　B. 400多个　　　　C. 12000多个　　　D. 22000多个

6. （   ）是礼仪的特点。
   A. 为他人着想　　 B. 自由平等　　　 C. 友好尊重　　　 D. 谦虚谨慎

练习二：讨论与分享

1. 说说你知道的"志于道，据于德"的古今中外人士及他们的事迹。

2. 试讨论"五常"（仁、义、礼、智、信）在当代社会中的作用。

程门立雪

北宋时期，福建将东县有一个叫杨时的进士，他特别喜好钻研学问，到处寻师访友，曾就学于洛阳著名学者程颢门下。程颢去世后，杨时到其弟程颐门下，在洛阳伊川所建的伊川书院中求学。

杨时那时已40多岁，学问也相当高，但他仍谦虚谨慎，不骄不躁，尊师敬友，深得程颐的喜爱，被程颐视为得意门生，得其真传。

一天，杨时同一起学习的游酢向程颐请求学问，不巧赶上老师正坐在椅上打盹儿。杨时便劝告游酢不要惊醒老师，于是两人静立门口，等老师醒来。一会儿，天空飘起了鹅毛大雪，雪越下越急，杨时和游酢却还立在雪中，游酢实在冻得受不了了，几次想叫醒老师，都被杨时阻拦了。程颐一觉醒来，赫然发现门外的两个"雪人"！从此，程颐深受感动，更加尽心尽力教导杨时，杨时不负众望，终于学到了老师的全部学问。

后来，杨时回到南方传播程氏理学，且形成独家学派，世称"龟山先生"。

🜨 | 思考 |

杨时的行为体现了"为他人着想"的高尚品德，这也是礼仪的特点。请说说"为他人着想"在社会交往中的作用，并说说你观察到的身边正面或反面的事例。

第2篇

礼仪修养篇

见人不可以不饰。不饰无貌，无貌
不敬，不敬无礼，无礼不立。

——孔子

第2章 形象礼仪

　　透过形象看内心往往有相当高的准确性，一个人是稳重，是活泼，是随性，还是严谨，在打扮穿衣、举手投足，甚至在一个细微的表情或眼神中就能够让人感受到。虽说人不可貌相，但是邋里邋遢的形象和经过修饰、修炼的形象，你更愿意多看谁一眼呢？爱美之心人皆有之，人人都希望看到美的事物，本章将从仪容、服饰和仪态3方面助力大家打造更好的形象。在仪容礼仪中，我们以"净"为核心，介绍了干净整洁是基础，日常面部修饰需清爽自然，仪式活动时的面部修饰需展现出庄重和高贵。在服饰礼仪中，我们介绍了不同类别服装的特质和穿着方式。适宜的外形是良好形象的开端，仪态礼仪又为我们的肢体语言赋予了更深层次的内涵，不同场合的站立行蹲和手势，丰富的面部表情无不显示出我们的内心状态。良好的形象能够滋养内心，接下来我们一起进入形象礼仪这一章吧！

★ 本章要点

1. 仪容、服饰、仪态的要求和规范。
2. 形象礼仪规范的练习和实践。
3. 在不同场合选择适合的形象。

◎ 学习目标

1. 了解形象礼仪规范，理解仪容、服饰和仪态的
   定义、意义。
2. 掌握形象的量化标准并灵活运用。
3. 理解形象的含义，能够在不同场合呈现适当的
   仪容、服饰和仪态，让对方感到舒适和美好。

　　玛丽亚女士是一个专业技术过硬，但缺乏自信的电子工程师，她曾经在加拿大国家电视台工作，解决技术难题的能力使她获得了"能力小姐"的美称。为了事业的发展，玛丽亚前往美国A公司应聘，由于缺乏自信，在面试中紧张、慌乱的表现，令她失去了这个工作。不久，她又收到美国B公司面试的通知。有了上一次的教训，她请了自己的朋友英格丽帮忙分析失败的原因。

　　听完玛丽亚讲述面试经过后，英格丽问："告诉我，你在面试时最大的恐惧是什么？"玛丽亚说："我感到紧张，我没有自信。"英格丽问："你几乎能百分之百地回答所有的技术问题，你有这种能力！你穿的什么去面试？"玛丽亚拿出自己面试时穿的衣服，一件带花边且过时的衬衣，一件宽松化纤混纺的黑西服，一条棕色的、肥大的西裤。英格丽说："这身衣服时时刻刻在提醒你，你和你的衣服是一样的质量。纵然你再有能力，也会下意识地表现得神不守舍、缺乏底气。你的技术再好，可你缺乏自信的表现和这套早该淘汰的服装会留给别人很多疑问，她是否是个综合素质都优秀的人？她是否只是幸运地答对了所有的问题？她的能力和她的外表为什么不相称？"

　　按照英格丽的建议，玛丽亚试着穿上了英格丽精心挑选的深蓝色西服套裙。这套西服套裙样式简单流畅，裁剪非常得体，做工精细，毛料质地优厚，颜色沉稳大方，搭配一件优雅时尚的丝绸白衬衫。穿上这套衣服之后，玛丽亚的气质立刻发生了变化，感觉她的腰背也挺直了，眼睛里也闪耀出自信的光芒。她对着镜子惊叹地说："我感到了一种力量，一种前所未有的自信！"

第二天，玛丽亚穿着这套服装顺利地拿下了B公司的工作。她兴奋地跟英格丽分享："我的老板在面试后说，从你一进门，你的外表和自信的神态就让我感到你能够胜任，你是我们所期望的人。"

精致得体的形象是一种尊严的体现。

思考 ❓

你如何理解"形象永远走在能力前面"这句话？分享自己的或了解到的有关形象的小故事。

案例引申 ⌁

一个人的内涵固然重要，正如我们常说的"腹有诗书气自华"，但不可否认，"以貌取人"也存在一定的合理性，无论我们认为从外表衡量人是多么肤浅的观念。在社会上，人们都时刻根据你的服饰、发型、妆容、体态等自我表达方式判断着你。外在的形象是一种无声的语言，在一定程度上可以反映出一个人的修养、性格、情操等特征；在初次交往中，良好的形象会给人留下鲜明的印象。

2.1 仪容礼仪——净

学"礼" 仪容多指人的容貌，简单讲就是人体不需要着装的部位，主要是指面部，还包括头部、手部和脚部。仪容是一个人精神面貌和内在气质的外在表现。在社会交往中，我们要维护良好的自我形象，就必须讲究仪容和服饰之美。良好的仪容和服饰不仅能给人以端庄、大方的印象，还能体现个人的自尊及对他人的尊重。

洁净是仪容的基本要求，我们需要长年累月、坚持不懈地进行以下修饰工作。

一、坚持洗澡、洗脸

洗澡可以除去身上的尘土、油垢和汗渍，并且使人精神焕发。我们要尽量做到春夏季每日洗澡，秋冬季隔天洗澡。如果要参加重要活动，我们可以增加洗澡次数，保持卫生整洁的状态以示对活动和场合的重视。我们要时刻保持面部干净清爽，无汗渍和油污等不洁之物。若脸上常有灰尘、污垢、泪痕或汤渍，难免会让人觉得此人又懒又脏，所以我们要做到勤于洗脸，午休、用餐、出汗、劳动或外出之后，建议立刻洗脸。另外，我们要注意眼部、耳部、鼻部卫生。

眼部清洁——眼部分泌物要及时清除。

耳部保洁——洗澡、洗头、洗脸时应安全地清洗一下耳朵内外，及时清除耳孔中的分泌物；当耳毛长出耳孔时，应进行修剪。

鼻部清爽——鼻腔要随时保持干净，不要让鼻涕或别的东西充塞鼻孔，经常修剪长到鼻孔外的鼻毛。

二、保持手部洁净

在每个人的身上，手是与外界进行直接接触最多的部位，最容易沾染脏东西，所以勤洗手非常必要。我们要在一切有必要讲究卫生的时刻洗手。另外，我们要常剪手指甲，不要留长指甲，因为这容易给人留下不讲卫生的印象，还容易"藏污纳垢"，所以要定期修剪手指甲。手指甲的长度以不超过手指指尖为宜。

三、注意口腔卫生

口腔是表现清洁感的另一个重要部位。与人说话的时候，露出的牙齿上嵌有、沾有食物残渣是很让人厌恶的，它会让人对你产生邋遢或作风马虎的印象，所以我们应该注意口腔卫生。另外，我们还应当特别注意口中的异味，在出席重要场合前尽量不要吃葱、韭菜、大蒜等容易产生异味的食物。在与人交往、开展工作之前，如果吃了这类食物，可在口中嚼一点茶叶、红枣和花生，它们有助于清除异味。必要时，我们可以嚼口香糖以减少口腔异味。

四、保持脚部清洁

脚是支撑人体的重要部位，每天都在运动。脚会分泌出大量的汗液，恶化脚底环境，为真菌繁衍提供温床，如不及时清洁，会导致各种脚部疾病，如脱皮、脚癣、脚部溃烂等。所以，我们在平时要注意清洗脚部，让其通气，可擦上护脚霜并加以适当的保健按摩，保护、美化脚部肌肤。

五、保持服饰整洁

我们要勤换内衣，外衣、饰品（如丝巾、领带等）也要定期清洗；要勤换鞋袜，保持鞋袜舒适干净，不要随意在公众场合脱鞋。

2.1.1 ► 妆容

自然是妆容的最高境界，它使人看起来真实而生动，而不是像戴着一张呆板生硬的面具。失去自然的效果后，妆容就会显得假，假的东西是没有生命力和美感的。

有位化妆师说过："最高明的化妆术，是经过非常考究的化妆，让一个人看起来好像没有化过妆一样，并且化出来的妆与其身份匹配，能自然表现这个人的个性与气质。次级的化妆是把一个人凸显出来，使其醒目，引起众人的注意。拙劣的化妆是人们一下子就发现这个人化了妆，而且这层妆是为了掩盖其缺点或年龄的。最坏的化妆是化妆后扭曲了人的个性，又失去了五官的协调，例如小眼睛的人竟画了浓眉，大脸蛋的人竟画了白脸，阔嘴的人竟画了红唇……"可见化妆的最高境界是"无妆"，是自然。因此，美好的妆容要依赖正确的化妆技巧、合适的化妆品；要一丝不苟、井井有条；要讲究过渡、体现层次；要点面到位、浓淡相宜，这样才能使人感受到自然、真实的美。

要使妆容自然、真实，我们首先要了解自己的脸型及脸部特点，其次要清楚怎样化妆才能扬长避短，使妆容更迷人。这些原则要在把握脸部特征的前提下、在正确的审美观的指导下进行。

一、化妆的准备工作

1. 束发

用宽发带或毛巾等将头发束起，这样会使脸部轮廓更加清晰干净。我们可以在肩上披一块围巾，防止化妆时弄脏衣服。

2. 洁肤

用清洁霜、洗面奶或洗面皂清洁面部的污垢及油脂，有条件的话还可用洁肤水清除面部枯死的细胞皮屑，然后结合按摩手法涂上有营养的化妆水。

3. 护肤

选择膏霜类，如日霜、晚霜、润肤霜、乳液、防晒霜、隔离霜等涂在脸上，可令肌肤柔滑，还可防止化妆品与皮肤直接接触，起到保护皮肤的作用。

4. 修眉

用眉钳或修眉刀修整眉形，并拔除多余的眉毛，使轮廓清晰自然，突出面容的清秀。

二、化妆的具体过程

1. 擦粉底

选择与肤色较接近的粉底，用海绵块或手指从鼻子处向外均匀涂抹，尤其不要忽视细小的部位，在头与脖子衔接处要渐淡下去。粉底不要太厚，以免像戴了一张面具。粉底涂抹完后要达到调整肤色、掩盖瑕疵，使皮肤细腻光洁的目的。

2. 画眉毛

首先用眉刷自下而上、自前而后将眉毛梳理整齐，然后用眉笔顺眉毛生长方向一道道描画。从眉头起大约至眉毛2/3处为眉峰，描画至眉峰处应以自然弧度描至眉尾，眉尾处渐淡。最后用眉刷顺眉毛生长方向刷几遍，使眉毛整体显得自然。

3. 画眼影

眼影用什么颜色、用多少种颜色、浓淡标准、如何画，是因人、因事而异的。一般情况下，浅色眼影刷在眉骨下，中间色眼影刷在眼皮稍高处并向眼尾处晕染，深色眼影刷在最贴近上睫毛处。

4. 画眼线

眼线要贴着睫毛根部画，浓妆时可稍画宽一些，淡妆时可稍画细一些。上眼线内眼角方向应画得淡而细，外眼角方向则应加重，至外眼角时要向上挑一点，把眼角向上提，显得眼角上翘。

5. 刷睫毛

首先用睫毛夹将睫毛由内向外翻卷，然后用睫毛刷从睫毛根到睫毛尖刷上睫毛液。为了使睫毛显得更长、更浓密，可在睫毛液晾干后再刷第二遍、第三遍。最后用眉刷上的小梳子将粘在一起的睫毛梳开。

6. 抹腮红

腮红应抹在微笑时面部形成的最高点，然后向耳朵上缘方向抹晕开。腮红和阴影粉可做脸型的矫正。

7. 涂口红

先用唇线笔画好唇廓，再在唇廓内涂唇膏。唇膏既可用唇刷涂，也可用棒式唇膏直接涂。口红的颜色应与服装及妆面相协调。为了使口红色彩持久，可用纸巾轻抿一下口红，然后扑上透明定妆粉，并再抹一次唇膏。

8. 定妆

用粉扑蘸取定妆粉轻轻地、均匀地扑到妆面上，只需扑薄薄一层以起到定妆作用，使妆面柔和，并吸收粉底过多的光泽。扑好定妆粉后，用大粉刷将妆面上的浮粉扫掉。

三、不同脸型的化妆

脸部化妆一方面要突出面部最美的部分，使其更加美丽；另一方面要掩盖或矫正面部缺陷或不足。经过化妆修饰的美有两种：一种是趋于自然的美，另一种是艳丽的美。前者是通过恰当的淡妆来实现的，它给人以大方、悦目、清新的感觉，最适合在家或平时上班时使用；后者是通过浓妆来实现的，它给人以庄重、高贵的印象，适用于晚宴、演出等特殊的社交场合。无论是淡妆还是浓妆，都要利用各种化妆技术，使用合适的化妆品，通过一定的艺术处理才能达到美化形象的目的。

1. 椭圆脸型化妆

椭圆脸型的人在化妆时宜注意保持面部的自然形状，突出其可爱之处，不必通过化妆去改变脸型。

抹腮红时，腮红应抹在颧骨的最高处，再向上向外揉开。

涂口红时，除嘴唇唇形有缺陷外，应尽量按自然唇形涂抹。

修眉毛时，可顺着眼睛的轮廓将眉毛修成弧形，眉头应与内眼角对齐，眉尾可稍远离外眼角。因为椭圆脸型无须太多修饰，所以化妆时一定要找出面部最动人、最美丽的部位予以突出，以免给人平平淡淡、毫无特点的印象。

2. 长脸型化妆

长脸型的人在化妆时力求达到的效果应是增加面部的宽度。

抹腮红时，应注意离鼻子稍远些，在视觉上拉宽面部，可沿颧骨的最高处与太阳穴下方所构成的曲线部位涂抹，向外、向上晕开。

涂口红时，依唇形涂成较自然的样子，修改唇形不宜过大。

擦粉底时，若双颊下陷或者额部窄小，应在双颊或者额部涂以浅色调的粉底，形成光影效果，使之变得丰满一些。

修眉毛时，应令其成弧形，切不可修得有棱有角。眉毛的位置不宜太高，眉毛尾部切忌高翘。

3. 圆脸型化妆

圆脸型给人可爱、玲珑之感，若要改变为椭圆脸型并不困难。

抹腮红时，可从颧骨起涂至下颌，注意不能简单地将颧骨突出部位涂成圆形。

涂口红时，可将上嘴唇涂成浅浅的弓形，注意不能涂成圆形小嘴，以免圆上加圆。

修眉毛时，可将其修成自然的弧形，不可修得太直或有棱角，也不可弧度过大。

4. 方脸型化妆

方脸型的人以颧骨突出为特点，因而在化妆时要设法加以掩蔽，增加柔和感。

抹腮红时，宜涂抹得与眼部平行，切忌涂在颧骨最突出处，可抹在颧骨稍下处并向外揉开。

涂口红时，可涂得丰满一些，强调柔和感。

修眉毛时，应修得稍宽一些，眉形可稍显弯曲，不宜有棱角。

擦粉底时，可在颧骨最宽处涂以暗色调的粉底，形成阴影效果，令方正感减弱。下颚处宜用大面积的暗色调粉底打造脸部阴影效果，以改变脸部轮廓。

5. 三角脸型化妆

三角脸型的特点是额部较窄而两腮较阔，整个脸部呈上窄下宽状。化妆时，应将下部的宽角"削"去，把脸型变为椭圆脸型。

抹腮红时，可由外眼角起，向下抹涂，将脸部上半部分拉宽一些。

涂口红时，注意使唇角稍向上翘，唇形可适当外扩。

修眉毛时，宜使眉形保持自然形态，不可太平直或太弯曲。

擦粉底时，可用暗色调的粉底在两腮部位涂抹、修饰。

四、男士的妆容

男士也应注意面容之美，一般不宜蓄胡须。男士应坚持每天剃一次胡须，不可以胡子拉碴地上班或会面。即使想要蓄须，男士也要考虑工作是否允许，并且要经常修剪胡须，保持卫生。不管是留络腮胡还是小胡子，整洁大方最重要。

此外，男士还要注意经常检查和修剪鼻毛。人际交往中，一两根外露的鼻毛是很会破坏他人对自己的看法的。

2.1.2 发型

发型是仪容美的重要构成内容。美观的发型能给人一种整洁、庄重、洒脱、文雅的感觉。发型要与性别、发质、服装、身材、脸型等相匹配，还要与气质、职业、身份相吻合。只有这样，才能扬长避短、和谐统一，显现出真正的美。

一、发型与性别

头发的具体长度有着规定的上限和下限。所谓上限，是指头发最长的长度。按照常规，一般不允许男士在工作时长发披肩，或者梳起辫子，在修饰头发时要做到前发不覆额、侧发不掩耳、后发不及领。男士头发长度的下限是不允许剃光头。对于女士来讲，在工作岗位上头发长度的上限是不宜超过肩部，前发不宜挡住眼睛。长发过肩的女子在上岗之前可以采取一定的措施，如将头发盘起来、束起来、编起来等，不可以披头散发。女士头发长度的下限也是不允许剃光头。

二、发型与发质、服装

一般来说，直而硬的头发容易修剪得整齐，故设计发型时应尽量避免花样复杂，以注重修剪技巧为主，设计简单而又高雅大方的发型。例如梳理成披肩长发，会给人一种飘逸秀美的悬垂美感；用大号发卷梳理成略带波浪的发型或梳成发髻等，会体现一种雍容、典雅的高贵气质。细而柔软的头发比较服帖，容易整理成型，可塑性强，适合做小卷曲的波浪式发型，显得蓬松自然；也可以梳理成俏丽的短发，能充分体现个性美。在现代美容中，一个人的发型与服装有着十分密切的关系。服装与发型相配才显得协调大方。假如一个高贵典雅的发髻配上一套牛仔服，就会显得不伦不类，因此，只有和谐统一才能体现美。

三、发型与身材

身材高大威壮者，应选择显示大方、健康洒脱美的发型，以避免给人大而粗、呆板生硬的印象。高大身材的女士一般留简单的短发为好，切忌花样复杂；烫发时，不应做小卷曲的波浪式发型，以免显得与高大的身材不协调。

身材高瘦者，适合留长发发型，并且可以适当增加发型的装饰性。例如，将头发梳理成卷曲的波浪式发型，会对身材高瘦者有一定的协调作用。但身材高瘦者不宜盘高发，或将头发剪得太短，以免给人一种更加瘦长的感觉。

身材娇小者，适合留短发或盘发，因为露出脖子可以使身材显得高大些，并可以根据自己的喜好将发型做得精巧、别致，追求优美、秀丽。但身材娇小者不宜留长发或做蓬松的发型，那样会使身材显得更矮小。

身材较胖者，适宜留淡雅舒展、轻盈俏丽的发型，尤其是应注意将整体发势向上梳，将两侧束紧，使脖子露出，这样会显得瘦些。若留长波浪发型，两侧蓬松，则会显得更胖。另外，上身比下身长或上下身等长者，发型可选择长发以遮盖上身；肩宽者，应选择披肩发或下部头发蓬松的发型，以发盖肩，分散肩部宽大的视角；颈部细长者可选择长发发型，不适宜采用短发，以免使脖颈显得更长；若颈部短粗，则适宜选择中长发发型或短发发型，以分散颈部短粗的视角。

总之，我们在选择发型时必须根据自己的身材，选择一个与之相称的发型。

四、发型与脸型

椭圆脸型者，任何发型都可相配。但若选择中分头路，左右均衡、顶部略蓬松的发型，会更贴切，以显示脸型之美。

圆脸型接近于孩童脸，双颧较宽，因此应选择头前部或顶部略半隆的发型，两侧头发则要略向后梳，将两颊及两耳稍微留出，这样既可以在视觉上拉长脸型，又显得端庄大方。圆脸型的人尤其适合留纵向线条的垂直向下的发型或是盘发，使人显得挺拔而秀气。

长脸型的人端庄凝重，给人一种老成感，因此应选择优雅可爱的发型来减少这种感觉。顶发不宜太丰隆，前额的头发可适当下倾，两颊部位的头发可适当蓬松些，既可以留长发，也可以用齐耳短发。发尾要松散流畅，以发型的宽度来缩短脸的视觉长度。若将头发做成自然成型的柔曲状，效果会更理想。

方脸型的人前额较宽，两腮突出，显得脸型短阔，因此适宜选择自然的大波浪发型，用头发柔和地修饰脸部，两侧头发略蓬松以遮住脸的宽部，用圆润的线条修饰脸部方正的线条。

"由"字脸型的人应选择表现额角宽度的发型，且中长发发型较好。顶部的头发可梳得蓬松些，两侧的头发宜向外蓬出以遮住腮部，从视觉上减弱腮部的宽阔感。

"甲"字脸型的人宜选择能遮盖宽前额的发型，一般两颊的头发及后发应蓬松而饱满，额部稍垂"刘海"，以遮住过宽的额头。此脸型的人适宜留波浪式的长发。

2.1.3 指甲

和保持身体其他部分的整洁一样，指甲也必须定期护理才可保持其干净、健康。指甲是身体最先表露紧张、疾病或不良饮食习惯症状的部分，如果它们出现干燥、起薄片或脆裂的现象，我们就必须注意保证日常的营养，并定期对其进行护理。定期修剪指甲，将其修剪成椭圆形不仅能使指甲变得美观，而且可保持它们的健康。

📑 **评一评** ─────────────────────── **面试因何失败**

南山宾馆根据收到的求职材料约见小赵作为预选对象。面试时，小赵涂着鲜艳的口红，烫着时髦的发型，穿着低领紧身的吊带，戴着华丽而夸张的首饰，给人一种轻佻的感觉。小赵在第一轮面试就落选了。事后，一位人事总监对她说："我认为你不可能仅仅因为化了美丽的妆而取得一个职位，但是我可以肯定穿错了衣服就会使你失去一个职位。"

─────────────────────────────

1. 案例中人事总监的话对你有何启示？如果你去面试，会怎样着装？
2. 评选"最佳仪容"。
   （1）准备化妆盒。
   （2）要求学生根据所学仪容礼仪知识，化出能展现自己的妆容。
   （3）学生互评，教师总结点评，并评出"最佳仪容"。

2.2 服饰礼仪——雅

📖 **学"礼"**　服饰礼仪指人穿着服装与佩戴饰品的方式，有时仅指服装的穿着。服装是主角，饰品是配角，饰品的佩戴讲究以衣为轴。人际交往中，服饰既是一种社会符号，又是一种审美符号和情感符号。注重服饰礼仪，把服装和饰品运用得当，是最有利的沟通工具之一，也是便捷的人际交往"名片"。

2.2.1 着装

一个人的着装就是其教养、品位等的真实写照。在不同的场合，穿着得体、适当的人会给人留下良好的印象；而穿着不当则会降低人的身份，损害自身的形象。得体的着装是对他人的礼貌，能在一定程度上直接影响人际关系，是个体实现内外和谐统一美的不可或缺的条件。

一、服装的类别

1. 正式服装

正式服装适用于会客、拜访、社交场合。这类服装的式样一般是根据穿着的目的、时间地点而定的。现在，正式服装正在简化，但仍保持着它的美感和庄重感。在穿着正式服装时，我们要注意与自身条件相协调，并慎重选择款式和面料，这样才能给人留下雅致的印象。

（1）晚礼服

晚礼服适用于晚间宴会或外交场合，有正式、略式之分，在款式上没有固定的式样，但都有高格调和正统感。欧洲女士晚礼服既有无袖的式样，也有紧领、长袖的式样，长至脚边；多选用丝绸、软缎、织锦缎、麻丝等面料加工制作。如果饰品佩戴合理，会显得格外漂亮雅致。晚礼服只能在特定的时间、场合穿着。

（2）午后礼服

午后礼服是在比较正式的拜访、宴会场合穿着，有正式和非正式之分。正式的午后礼服适用于参加婚礼、宴会等，非正式的午后礼服适可用于外出或拜访等。裙长一般较长，款式不固定，格调高雅、华贵。典型的午后礼服要搭配帽子、提包，还要佩戴项链。

2. 便装

便装是指平常穿着的服装，适用范围广泛。根据不同的用途和环境，便装可分为多种类型，如街市服、旅游服、运动服、家居服。街市服比礼服随便得多，上街购物、看影剧、会见朋友等都可以穿着。街市服很大程度上受流行趋势影响，是时装的重要组成部分。每个人可根据自己的爱好及客观条件选择各式各样的街市服，但穿着时一定要注意它是否符合所出席场合的环境与气氛。其面料可选用动物毛、丝绸、化纤等，并可根据季节的变化而变换。

旅游服、运动服等可依据具体情况进行选择，重要的是舒适、实用、便于行动。

家居服应与家庭的气氛相称。我们在家里要做家务，还要休息，以便养精蓄锐，所以家居服应随意、舒适，其格调应轻松活泼。早晚穿着的家居服有晨衣、睡衣等，但不能穿这类服装会客。

3. 补正装

补正装是指贴身服装，可以起到保温、吸汗、防污垢、保持身体清洁的作用，还能成为外衣的陪衬，显得外衣更美。补正装包括胸衣、衬裙、马甲等，其主要作用是调整或保护体型，使外衣的形状更加完美。这种服装应选伸缩性能好、有弹性的面料。法国服装设计师费里因有着肥胖厚实、强壮的身躯，常穿着一件马甲背心。他说："我的背部太厚，而且凸起呈圆弧状，背后的衣服总容易弄皱，加上一件紧身背心，不仅遮住了背后皱巴的衬衫，上衣也有了架子。"现实生活中，我们更要注意利用补正装的效果。

4. 职业装

职业装即工作服装，需适合不同职业的性质、工作环境，通常实用又便于活动，给人整齐划一、美观整洁之感，能振奋人心，增强职业自豪感。如果是旅游接待人员，其职业装应便于人体活动，显得自然得体；而作为教师，其职业装应显得端庄、严谨并富有亲和力。

二、着装的基本要求

1. 个体协调

所谓穿着的个体协调，是指一个人的穿着要与他的年龄、身材、职业等相协调，表现出一种和谐，这种和谐能给人以美感。

（1）穿着要与年龄相协调

年轻人的穿着应鲜艳、活泼、大方一些，这样可以充分体现出年轻人的朝气和蓬勃向上的青春之美；中、老年人的着装则要注意庄重、高雅、整洁，体现出成熟和稳重之美。

（2）穿着要与身材相协调

现实生活中，并非每个人的身材都十分理想，人们或多或少地存在形体上的不完美或欠缺，或高或矮，或胖或瘦。若能根据自己的身材挑选合适的服装，扬长避短，则能实现服装美和人体美的和谐、统一。

一般来说，身材高大的人，上衣应适当加长，配以低圆领或宽大而蓬松的袖子，宽大的服装能给人以"矮"的感觉。衣服颜色最好选择深色、单色或其他柔和的颜色。

身材矮小的人不宜穿大花图案或宽格条纹的服装，最好选择浅色的套装，上衣应稍短一些，使腿比上身突出。服装款式以简单为宜，上下颜色应保持一致。

身材较胖的人应选择小花纹、直条纹的衣料，衣服颜色最好是冷色调，以达到显"瘦"的效果。在款式上要力求简洁，中腰略收，后背扎一中缝为好；不宜采用关门领，以"V"领为佳。

身材较瘦的人应选择色彩鲜明的有大花图案或方格、横格的衣料，给人以宽阔、健壮的视觉效果。在款式上应当选择尺寸宽大、有变化、较复杂、质地不太软的衣服，切忌穿紧身衣裤。

（3）穿着要与职业相协调

不同职业的人有不同的穿着要求。穿着除了要和人的年龄、身材相协调之外，还要与职业相协调，这一点非常重要，因为这样可以给人留下良好的印象，使人产生信任感。例如，教师一般要穿得庄重一些，衣着款式也不要过于怪异；医生穿着要力显稳重和富有经验，一般不宜穿得过于时髦，这会给人轻浮的感觉；学生穿着要朴实、大方、干净、整洁，不要过于成熟；而演员、艺术家则可以根据他们的职业特点，穿着个性化一点。

2. 色彩搭配

色彩是服装使人们印象深刻的要素之一，而且很大程度上也决定了穿着的成败。色彩对人的刺激快速、强烈、深刻，所以被称为"服装的第一可视物"。对一般人而言，要想在服装的色彩上获得成功，最重要的是掌握色彩的特性、色彩的搭配、服装色彩的选择这3个方面。

（1）色彩的特性

色彩具有冷暖、轻重、缩扩等特性。

色彩的冷暖。使人产生温暖、热烈、兴奋之感的色彩为暖色，如红色、黄色等；使人产生寒冷、抑制、平静之感的色彩为冷色，如蓝色、绿色、紫色等。

色彩的轻重。色彩明暗变化的程度被称为明度。不同明度的色彩往往给人以轻重不同的感觉。色彩越浅，明度越强，越使人有上升感、轻盈感；色彩越重，明度越弱，越使人有下垂感、重量感。人们平日的着装通常在色彩上讲究上浅下深。

色彩的缩扩。色彩的波长不同，给人收缩或扩张的感觉不同。一般来讲，冷色、深色属于收缩色，暖色、浅色属于扩张色。运用到服装上，前者使人显得苗条，后者使人显得丰满。运用得当，二者皆可使人在形体方面扬长避短；运用不当，则会使人在形体上出丑露怯。

（2）色彩的搭配

色彩的搭配方法主要有以下3种。

统一法。配色时尽量采用同一色系之中的各种明度不同的色彩，按照深浅不同的程度进行搭配，以便创造出和谐感。例如穿西装时，按照统一法可以选择这样的搭配：如果采用灰色色系，颜色可以由外向内逐渐变浅，如深灰色西装搭浅灰底花纹的领带和白色衬衫。这种方法适用于工作场合或庄重的社交场合的着装配色。

对比法。配色时运用浅色、深色或明暗两种特性相反的色彩进行搭配。它可以使着装在色彩上反差强烈，静中求动，突出个性。但有一点要注意，运用对比法时忌讳上下1/2对比，否则会给人拦腰一刀的感觉，对比点应在黄金分割点，即身高的1/3点（即穿衬衣从上往下第四粒、第五粒纽扣之间）上，这样才有美感。

呼应法。配色时，在某些相关部位刻意采用同一色彩，以便使其遥相呼应，产生美感。例如，在社交场合穿西装的男士讲究"三一定律"。所谓三一定律，就是男士在正式场合应使公文包、腰带、鞋子的色彩相同。

（3）服装色彩的选择

在非正式场合所穿的便装，对色彩要求不高，往往可以听任自便；而在正式场合所穿的服装，对色彩却要多加注意。总体上要求正装色彩以少为宜，最好控制在3种之内。这样有助于保持正装保守的总体风格，显得简洁、和谐。正装若超过3种色彩，则会给人繁杂、低俗之感。正装色彩一般应为单色、深色，并且应无图案。最标准的正装色彩是蓝色、灰色、棕色、黑色。衬衣的最佳色彩为白色。鞋子、腰带、公文包的色彩宜为深色（黑色最为常见）。

此外，肤色也关系着服装的色彩。浅黄色皮肤者，也就是通常所说的皮肤白净的人，对颜色的选择性不那么强，穿什么颜色的衣服都较合适，尤其是穿不加配色的黑色衣裤则会显得更加动人。暗黄或浅褐色皮肤者，也就是皮肤较黑的人，要尽量避免穿深色服装。肤色病黄或苍白的人，最好不要穿紫红色或深褐色、黑紫色的服装，以免使脸色呈现出黄绿色，给人病态感；一般来说，这类肤色的人选择红色、黄色的服装比较合适。皮肤黑中透红的人，则应避免穿红色、浅绿色等颜色的服装。

3. 注意场合

所谓穿着要注意场合，是说人们应根据不同的场合来选择着装。

（1）正式场合

正式场合是指商务谈判、商务会议、求职面试等正规、严肃的场合。男士在正式场合通常穿严肃的西装（上下装面料相同、颜色相同）。纯黑色西装在西方通常适用于葬礼及其他极为隆重的场合。男士在正式的商务场合中，最常使用的西装颜色为深蓝色和深灰色，深蓝色或深灰色西装搭配白衬衫是男士在正式的商务场合中的必备服装。女士在正式的商务场合中，最常穿着的是与男士西装相对应的女士套裙（上衣领子与男士西装领子相似）。

（2）半正式场合

半正式场合是指无重大活动、无重要严肃事务的商务场合。在半正式场合，男士不用系领带，可以选择不太正式的西装上衣，如亲切感更强的咖啡色西装上衣，或其他明快颜色的西装上衣。面料可以选择更随意、更舒适的粗花呢。上衣和长裤可以采用不一样的面料和颜色，看上去更加舒适轻松。

搭配的时候要注意颜色与面料的平衡感，如男士半职业装可以搭配高品质的针织衫，显得自然随意。需要注意的是，长裤的款式还是以西裤为主，不可出现萝卜裤、牛仔裤等女士的半职业装款式变化与组合非常丰富，可以将西装套裙与套裤分开来穿，搭配经典款式的连衣裙、针织衫或短裙衬衫。各个款式的细节处理可以更加富有创意，颜色可以更加明亮丰富，但仍需保持躯干线条的清晰干练。

（3）休闲场合

所谓"休闲"，多指"停止工作或学习，处于闲暇轻松状态"。在休闲场合，服装应当舒适、轻松、愉快。因此在款式上，男士和女士都采用宽松的款式，如夹克衫、T恤衫、棉质休闲裤、牛仔装等。服装颜色可以选择鲜艳新奇的色彩。女士连衣裙、短裙或衬衫的款式细节、图案和色彩都可以更大胆、更丰富。

（4）商务酒会场合

西方礼服根据不同的场合可分为晨礼服、晚礼服等，但近年来有逐渐简化的趋势。在国内一般公司的小型商务酒会、聚会上，男士穿深色西装即可，但是领带的图案和颜色都需要更加华丽一些；女士的服装尽量以小礼服为主，但不宜过多暴露肌肤，裙长在膝盖上下比较妥当。女士可以选用丝缎、纱等面料的服装，也可用无领无袖的单色连衣裙搭配亮丽的首饰，还可以搭配富有质感的围巾、丝巾等增加闪光点。女士可以穿丝缎面料的、露趾的晚装鞋，提包可以换成小巧一些的晚装包。

（5）晚宴场合

参加国际商务场合中隆重的晚宴需要穿着晚礼服。晚礼服是晚上20:00以后穿着的正式礼服，是档次较高、颇具特色、能够充分展示个性的礼服样式。女士的晚礼服常与披肩外套、斗篷等相搭配，与华美的装饰手套等共同构成整体装束效果。西方传统晚礼服款式强调突出女性窈窕的腰肢，体现臀部以下裙子的坠感。肩、颈、臂的充分展露为华丽的首饰留下了表现空间。面料通常选用闪光缎、丝面料，充分展现华丽感、高贵感，多搭配高跟细袢的凉鞋或修饰性强、与礼服相宜的高跟鞋。中国女性的身材和西方女性有所不同，因此可以选用面料华丽、制作精美的旗袍式晚礼服，同样能够产生惊艳的效果。男士参加晚宴的时候，可以根据自身的喜好选择正式的晚礼服或黑色西装，但一定要注意将细节处理得恰到好处。

（6）运动场合

参加体育比赛类活动时，应当穿运动装。运动装与休闲装都具有宽松、舒适的特点，但是运动装比休闲装更加适宜人体活动。不同的体育比赛有不同的运动装款式，参加活动之前应当准备好相应的运动装。

（7）家居场合

下班回家之后，我们通常应当换上家居服。家居服也有晨衣、睡衣等诸多款式，但其一致的特点是舒适、宽松、随意。因此，假如有客人来访，只要不是非常熟悉的人，就一定要换上休闲装或半职业装会见客人。即使是在家里，穿着睡衣之类的家居服见同事或客户也是非常不礼貌的。有些款式的家居服可以在会客时穿，但也只适用于很熟悉的朋友或邻居等。

评一评

某 IT 行业的老总对企业员工的仪容着装提出了许多要求，其中一条是："全毛西装应定期（穿不过三天，最好每天换）送干洗、熨烫、吊挂。"当他将他的要求发表在他的博客上时，一些网友发表了他们的评论，其中一位认为："根本没必要，这和学校天天穿校服有什么区别，还三天送干洗，只要不是赤膊打领带就行了！"

对此，你有何看法？

三、西装的穿着规范

西装的主要特点是外观挺括、线条流畅、穿着舒适。若配上领带或领结，则更显得高雅。在日益开放的现代社会，西装作为一种衣着款式，也进入女士服装的行列，体现女士的独立、平等、自信。西装是一种国际性的礼仪服装，一套合体、合适、合意的西装可以尽显穿着者的精神、潇洒、干练和风度。

现在，有不少企业为了保持"整齐划一"的风貌和提高服务水平，为员工配发西装作为工作服，这无可非议。但有人以为，既然是工作服，穿着就可随便一些，这是一种误解。其实，西装穿着有许多讲究，例如讲究"三个三"，即三色原则、三一定律、三大禁忌。三色原则是指全身上下的服饰一般不超过3种颜色，否则就会显得杂乱无章。"三一定律"指鞋子、腰带、公文包的颜色应该一致，通常都采用黑色，以给人协调美观之感。三大禁忌是指在正式场合穿着西装时，袖口上的商标未拆；穿夹克或短袖衫时打领带；西装与鞋子、裤子不搭配，例如不能搭配布鞋或运动鞋、旅游鞋，不能搭配白袜子或尼龙丝袜。其他讲究如下。

第一，注意套式。在正式场合应穿同质同色的套装，并将其熨烫平整。两件套的西装里面不能加毛背心或毛衣，至多只能加一件"V"领的羊毛衫，否则整个人就会显得臃肿，影响挺括和线条美。

第二，搭配好衬衫。衬衫的下摆要扎在腰带里，领扣、袖扣都要扣上；领子和袖子都要略高（长）于西装的领子和袖子，以显出衣着的层次。

第三，系好领带。领带结要扎紧、系得饱满，并处于西装脖领间"V"字的中心，与衬衫的领口紧密吻合；领带的下端正好触及腰带扣的上端；领带夹一般夹在衬衫的第三粒与第四粒纽扣之间。

第四，正确扣纽扣。站立时，特别是在大庭广众之下要扣上纽扣，以示郑重；就座后要解开纽扣，以防止西装走形。西装的纽扣有单、双排之分，站立时双排纽扣的要统统扣上；单排两粒纽扣的，可全部不扣，如果要扣，一般扣上不扣下；单排3粒纽扣的只扣中间那颗纽扣。

第五，慎用口袋。男士西装上衣两侧的口袋一般只做装饰用，不放物品，以防西装走形，要放也只在左侧的口袋里插放装饰手帕或贵宾花。裤袋也不要乱装物品，特别是不要装得鼓鼓的。

第六，配好皮鞋。俗话说"西装革履"，穿西装就通常要穿皮鞋，而不能穿布鞋、旅游鞋或轻便鞋等。

2.2.2 饰品

饰品与服装有所不同的是，它可以被使用，也可以不被使用。然而，从审美的角度来看，它却与服装和化妆一道被列为人们用以装饰美化自身的三大方法。较之于服装，它更具有装饰、美化人体的功能。现在，越来越多的人认可它是服装的一个有机组成部分，起着画龙点睛的作用。在社交场合，饰品尤为引人注目，并发挥着一定的交际功能。

佩戴和使用饰品时需要注意以下3个原则。

第一，应当遵从有关的传统和习惯。

第二，在正式场合可以不戴饰品，若戴就要戴精致之物；如果同时佩戴几种饰品，要同质同色。

第三，饰品以少为佳，不可贪多求数，一般不宜佩戴3种以上，否则就会不分主次、喧宾夺主，甚至使人感到庸俗。

接下来介绍几种常见的饰品。

一、戒指

戒指是人们戴在手指上的饰品，其材料可以是金属、宝石、塑料、木质或骨质。有史以来，戒指多被认为是爱情的信物，男女订婚，男方一般要向女方送订婚戒指。在中国，戒指的使用至少有2000多年的历史。

作为爱情信物的戒指，其佩戴颇有讲究，不同的佩戴方式含有不同的寓意。一般说来，戴在食指上表示未婚或求婚；戴在中指上，表示正在热恋；戴在无名指上，表示已婚或订婚；戴在小指上，表示自己是单身；大拇指通常不戴戒指，若要戴，一般戴在左手。如果戴两枚戒指，要左右手对称或在左手上连着戴。戒指可能会嵌宝石，所嵌宝石不同，象征意义各异：钻石象征永恒，翡翠表示爱情，珍珠表示高贵，紫水晶表示健康，等等。

随着社会物质生活水平和文明程度的提高，现实生活中绝非只有恋爱中的人才能戴戒指，这无可非议，但戒指的佩戴是有规则的，不可乱戴。其一，要符合身份。倘若一名生意人手上连戴两枚戒指，可能没有人觉得不合适，但如果是教师、公务人员等，那就不太合适了。其二，要分清场合。如在上班期间、在公务活动中、会议等正式场合以不戴戒指为妥；下班后或参加私人活动可佩戴。

二、项链

项链是装饰颈部的饰品的总称，其形式多样，款式新颖。项链是一种传统饰品，适合人群比较广泛，几乎不分男女老少。项链的款式很多，大致可分为金属项链和珠宝项链两大系列。项链的佩戴应和自己的年龄及体形相协调。也就是说，我们要注重项链的搭配方法。例如，脖子细长的女士佩戴仿丝链，更显玲珑娇美；年龄较大的女士可选马鞭链，显得成熟稳重。佩戴项链也应和服装相呼应，如身着柔软、飘逸的丝绸衣衫时，宜佩戴精致、细巧的项链，显得妩媚动人；穿单色或素色服装时，宜佩戴色泽鲜明的项链，使衣服色彩显得丰富、活跃。选择项链时，我们还要考虑装饰的效果。例如，如果想要突出项链上的挂件，项链就不宜太长、太粗；如果想突出项链的美观，就要选择花型项链。项链的尺寸还应视人而定。脖子粗的人，所戴项链的尺寸要大；反之，所戴项链的尺寸要小。

三、耳饰

耳饰又称耳坠，是戴在耳朵上的饰品。它一般用金银制成，也有镶嵌珠玉或悬挂珠玉制成的坠饰，此外还有以塑料或大理石、陶瓷等材料制成的耳饰。耳饰可以给人增辉：朋友聚会时让你张显个性，宴会上让你高贵大方，领奖台上让你亮光闪闪。

耳饰的选择是有讲究的。一是根据肤色。耳饰的色彩应与肤色互相陪衬，肤色较暗的人不宜佩戴色彩过于明亮、鲜艳的彩色宝石类或水晶类耳饰，而宜选择质感和色彩相对柔和的耳饰，例如珍珠；而皮肤白嫩的女士如果佩戴暗色系耳饰，更能衬托肤色。二是根据脸型。例如，圆脸型的人戴垂吊式耳环能起到拉长脸型的作用，方脸型的人须以圆形耳饰来缓和棱角。三是根据身份。耳饰和服装一样，要与年龄、个性和身份相符。选择耳饰时，少女宜在款式上多动脑筋，中年女性则一定要在品质上多做文章。

2.3 仪态礼仪——端

> **学"礼"**
> 优雅得体的仪态不仅让人赏心悦目，还会给人留下踏实稳重的印象，更能让人信服。这里强调坐立行走需端正，意思是站如松，身挺拔；坐如钟，身稳定；行走时有气宇轩昂或娴雅飘逸的风度；举手投足间散发出自信从容的修养。

2.3.1 立坐仪态

"立"是常见的仪态，是所有仪态的基础，它看似简单，可一个人要立得正、立得住、立得稳却不简单。从表象来看，立得正可实现姿态优雅；深入来看，立得正可养中正之气，立得住可助安身立命，立得稳可促进立业、立国。这一切都体现出了"立端正"的重要性。常见的仪态中还有"坐"。

何时坐？长者立，幼勿坐；长者坐，命乃坐。如何坐？有序坐，按规坐，分场合恭敬坐。小小坐姿，学问也不少。

一、立姿的基本规范

从正面看，头正、下颌微收、肩平、胸挺、收腹、立腰、双腿直立，给人以挺拔、精神昂扬的感觉，如图2-1所示。

从侧面看，脚后跟、小腿肚、臀部、双肩、后脑勺5点在一条直线上，如图2-2所示。

立姿礼仪

图2-1　立姿正面　　　　图2-2　立姿侧面

二、立姿的重难点练习

（1）胸挺练习：双肩放松，向前、向后转动，用手摸后背的肩胛骨，而后将肩部和手臂自然下垂。

（2）腹部、臀部和腿部肌肉的练习：腹部微收，臀部和腿部肌肉收紧，用手轻扶椅背或墙面，慢慢地抬起脚后跟，踮起脚尖，再慢慢结束手扶物品的动作。如果站立不稳，一直晃动，则表明这3个部位肌肉的收紧度不够，需要加大收紧度，让身体保持稳定。此种练习可改善身体松垮、无精打采的状态，也可改善有些女士由于大腿无法并拢、臀部下垂等原因导致的姿态看起来不够严谨和稳重等问题。

三、立得谦恭

在不同的场合运用恰当的立姿，可表达谦卑心与恭敬心。下面为大家介绍几种适用于不同场合的立姿。

1. 女士立姿

在保持立姿的基本规范的基础上，女士立姿可分为平行脚位立姿、V字脚位立姿、丁字脚位立姿，搭配的手位有侧放式手位、前搭式（垂放）手位、前搭式（仪式）手位。

（1）女士平行脚位的规范是将双脚并拢，如图2-3所示。

（2）女士V字脚位的规范是将双脚脚后跟并拢，脚尖分开约30度，如图2-4所示。此种脚位通常用于日常生活或工作中，显得自然大方且优雅。

（3）女士丁字脚位的规范是一只脚朝向正前方，另一只脚的足弓位置与这只脚的脚后跟内侧位置相碰触，双脚的脚尖分开约30度，如图2-5所示。此种脚位通常适用于拍照或仪式场合。

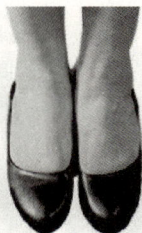

图2-3　女士平行脚位　　　图2-4　女士V字脚位　　　图2-5　女士丁字脚位

（4）女士侧放式手位的规范是双臂自然下垂，放于身体两侧，此种手位给人以精神昂扬之感，如图2-6所示。

（5）女士前搭式（垂放）手位是双手大拇指打开，其余四指并拢，右手叠放于左手上方，虎口相交；双手的大拇指交叉放于掌心内，双臂自然下垂，双手放于腹前。手与小腹之间不宜贴放得太近，此种手位给人严谨端庄之感，如图2-7所示。

（6）女士前搭式（仪式）手位和女士前搭式（垂放）手位相似，不同之处在于，前者将大臂向身体前方打开，并与小臂、手掌处于一个平面，手掌也需伸直，掌心放于肚脐的位置，如图2-8所示。此种手位给人规矩和非常正式的感觉，常用于仪式迎宾的场合。

图2-6　女士侧放式
手位

图2-7　女士前搭式
（垂放）手位

图2-8　女士前搭式
（仪式）手位

2. 男士立姿

在保持立姿的基本规范的基础上，男士立姿可分为平行脚位立姿和V字脚位立姿，搭配的手位有侧放式手位、前搭式手位和后搭式手位。

（1）男士平行脚位的规范是双脚分开，双脚间距不要超过肩宽，此种脚位适用于与同事或好友交往的场合，显得大方自然、不拘谨，如图2-9所示。

（2）男士V字脚位的规范是双脚脚后跟并拢，脚尖分开约30度，此种脚位显得更加谦卑恭敬，如图2-10所示。

图2-9　男士平行脚位

图2-10　男士V字脚位

（3）男士侧放式手位的规范是双臂自然下垂，放于身体两侧，如图2-11所示。

（4）男士前搭式手位的规范是左手在上，右手握虚拳，左手轻握于右拳；左手覆盖右手的手背位置，双手自然下垂放于腹前，如图2-12所示。此种手位显得比较严谨和谦恭，可辅以自然的微笑，会显得较有亲和力。

（5）男士后搭式手位的规范是右手握虚拳置于身后，左手轻握右手手背，双手自然搭放于后尾椎骨处，此种手位给人英勇及权威之感，如图2-13所示。

图2-11　男士侧放式手位　　**图2-12　男士前搭式手位**　　**图2-13　男士后搭式手位**

立姿禁忌：耸肩、探头、含胸、斜胯、女士分开双腿站立。

四、坐姿的基本规范

女士的基本坐姿，又叫平行脚位坐姿或正襟危坐式坐姿。它是坐姿中最基础的一种，也是最能表达谦恭之心的坐姿。就座时，上身保持直立挺拔，落座于椅子的2/3处，常用于在老师、领导或长辈面前就座，也可用于非常正式、有仪式感或庄严的场合，如图2-14所示。

从正面看，头正、下颌微收、肩平、胸挺。女士双腿和双脚并拢。男士双腿和双脚微微打开，间距约一拳，不超过肩宽，给人稳定之感。

从侧面看，脊柱、双肩、后脑勺在一条直线上；脊柱和大腿呈90度，大腿与小腿呈90度，小腿与地面呈90度。

图2-14　女士基本坐姿

五、坐得谦恭

如何坐可以表达对他人的谦恭呢？接下来为大家介绍不同场合的坐姿。

1. 女士坐姿

在保持坐姿的基本规范的基础上，女士坐姿可分为侧平行式坐姿、交叉式坐姿、开关式坐姿、侧叠腿式坐姿。

（1）女士侧平行式坐姿的规范是，在平行脚位坐姿的基础上，左脚向左侧平移1～2只脚的宽度，右脚向左脚并拢，形成左侧平行式脚位的坐姿。除了左侧平行式坐姿外，也可行右侧平行式坐姿。此种坐姿常用于正式场合的交谈中，如图2-15所示。

（2）女士交叉式坐姿的规范是，在平行脚位坐姿的基础上，左脚先向后，再将左脚脚踝与右脚脚踝相碰触，成为左脚交叉式坐姿。除了左脚交叉式坐姿外，也可行右脚交叉式坐姿。此种坐姿常用于社交场合稍作休息时，也可用于非正式场合，既无伤大雅，又自然大方，如图2-16所示。

图2-15　女士侧平行式坐姿　　　　　图2-16　女士交叉式坐姿

（3）女士开关式坐姿的规范是，在平行脚位坐姿的基础上，右脚向前进半步，左脚向后撤半步，双脚脚尖相隔30度。此种坐姿可用于社交场合稍作休息时，如图2-17所示。

（4）女士侧叠腿式坐姿的规范是，在侧平行式坐姿的基础上，将位于下方的腿叠放于上方腿部外侧，如图2-18所示。做叠放动作时，需将下方腿部内侧与上方腿部外侧轻轻贴合，进行围绕叠放，切勿分开双腿进行甩腿叠放，也不可将脚尖翘起对人，这是非常不礼貌的行为。此种坐姿可用于社交休闲场合，也可在入座位置较高时避免走光。

图2-17　女士开关式坐姿　　　　　图2-18　女士侧叠腿式坐姿

2. 男士坐姿

在保持坐姿的基本规范的基础上，男士坐姿主要指开关式坐姿（平行式与前后式）。男士开关式坐姿和女士开关式坐姿基本相同，区别在于男士双腿和双脚需打开约一拳的间距，如图2-19所示。

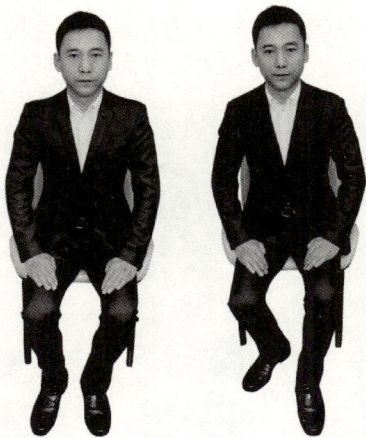

图2-19　男士开关式坐姿（平行式与前后式）

六、入座和离座

1. 女士入座规范

入座前的基本动作是以平行脚位站立于椅子左侧前2/3的位置，双手自然下垂。女士入座共有4个步骤，如图2-20所示。第一步：左脚迈向椅子前方，距离椅子前方边缘

一步的距离。第二步：右腿移至椅子前方，右腿后侧触碰到椅子前侧中央的边缘位置。第三步：上身保持直立，右手或双手手背抚裙边落座。第四步：右手在上、左手在下相叠，放于双腿中间的位置，同时右脚向前移，与左脚并拢，双腿小腿与地面垂直。

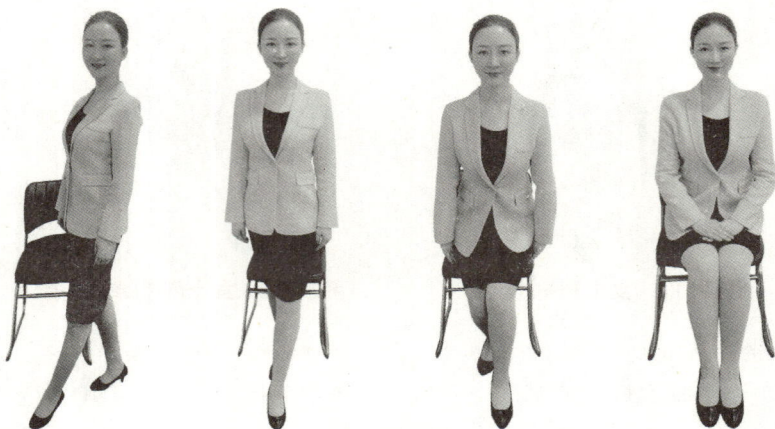

图2-20　女士入座规范

2．女士离座规范

女士离座共有4个步骤，如图2-21所示。第一步：右脚向后撤。第二步：右脚蹬地站起。第三步：右脚向左，迈向椅子左侧前2/3的位置。第四步：左脚向右脚并拢，形成平行脚位立资。

图2-21　女士离座规范

3．男士入座规范

入座前的基本动作是以平行脚位站立于椅子左侧前2/3的位置，双手自然下垂。男士入座共有4个步骤，如图2-22所示。第一步：左脚迈向椅子左前方。第二步：右脚迈向距离椅子前方边缘一步的距离。第三步：左脚移至椅子前方，左腿后侧向下触碰到椅子前侧中央的边缘位置，上身保持直立；双手轻拎大腿上方的裤子落座，然后双手分别放于两侧大腿。第四步：左脚向前移，与右脚保持一拳的距离为宜，双腿间距一般不要超过肩宽，此时双腿小腿与地面垂直。

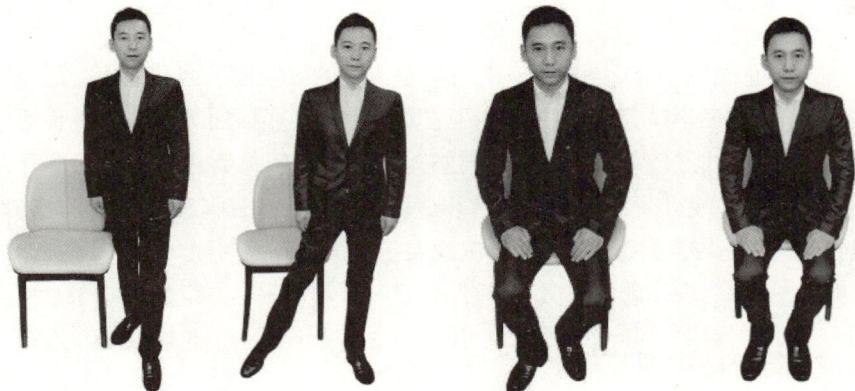

图2-22 男士入座规范

4. 男士离座规范

男士离座共有4个步骤，如图2-23所示。第一步：右脚向后撤，右脚蹬地站起。第二步：右脚前移，与左脚形成V字脚位。第三步：左脚向左平移至椅子左前方2/3的位置。第四步：右脚向左脚靠，形成平行脚位立资。

图2-23 男士离座规范

坐姿禁忌：在公众场合，我们要避免耸肩、探头、含胸的坐姿；坐时还需注意手位，如双手放于椅子扶手上，全身陷入椅子的半躺坐姿，抖腿和翘脚尖的坐姿等都是不恰当的；与他人交谈时，入座不看对方，紧盯着椅子或地面，眼神漫不经心等也是不恰当的。

2.3.2 行走仪态

《弟子规》道："步从容，立端正。"意思是走路的时候要从容有节奏，迈步时要注意均匀、稳健；步子不可太大，不要匆匆忙忙，身体不要摇摇晃晃。面对长辈还需要采用"趋进"的方式。《容经》中对行姿这样描述："趋以微磬之容，飘然翼然，肩状若流，足如射箭。""趋"是一种步幅小、步频快的行进方法，脚后跟尽量不离开地面，微抬起前脚掌行进。趋适用于紧急的情况或表示不敢怠慢的时候。"磬"是指微微俯身（大约15度），可以表现出谦卑谨慎的体态。

一、行走的基本规范

1．步度

行走时，前脚后跟和后脚脚尖之间形成的间距称为步度，通常步度约为一只脚的长度。女士在穿高跟鞋时，步度应该比穿平跟鞋时稍小一些。

2．步位

行走时，脚的方向和落地的位置称为步位。在日常生活中，女士向正前方行走时，左脚内侧与右脚内侧的边缘应当落在一条直线上。男士行走的步位应为平行线，双脚中间的距离不要超过一只脚的宽度；双脚间距太宽，会显得该男士太张扬，缺乏稳重和严谨。

3．步高

行走时，双脚抬起的高度称为步高。行走时，步高以脚后跟不拖地面，落地没有太大响声为宜。

4．步速

规范的步速应为110步/分，在无特殊紧急情况下，走路的步速应保持稳定均匀。

5．摆臂

向前摆臂以30度左右为宜，向后摆臂以15度左右为宜。摆臂时，双臂不要松垮不动，也不要向外甩。

二、行走礼

（1）行走时，身姿要挺拔，不弯腰驼背。

（2）三人行走时，以中间位置为尊，需留给尊者行进。

（3）与女士行走时，如两人不便并行，需要让女士先行，这是国际通行的礼仪规范。

（4）与老人行走时，要适当搀扶老人，但不要用力过猛，甚至把对方架起来，使对方不适或摔倒。

三、行就正道

（1）在公共场合行走时，不要踩盲道或闯红绿灯。

（2）人多时，根据人群行进速度调整步速，避免左顾右盼或因看手机影响人群行进的速度。

（3）走道路的右侧，左侧留给对面的人行走。

（4）不踩踏草地。

（5）不要在公共场合和他人勾肩搭背地行走。

（6）鞋子不洁净时，需清洁后再进入干净的空间。

2.3.3 蹲姿仪态

蹲姿可体现出一个人的教养。恰当的蹲姿既能体现自我尊重和自我保护，又不会让他人感觉唐突。行蹲姿时需把握两个要点——动作流畅、雅观。

一、蹲姿的基本规范

1. 女士蹲姿

规范的女士蹲姿通常分为两种：高低式蹲姿、半蹲蹲姿。

（1）女士高低式蹲姿如图2-24所示。高低式蹲姿的规范是在立姿的基本规范基础上，侧身对人或者对物。远离对人或物靠外一边的脚向后撤，上身与地面保持垂直并下沉，同时同侧手置于对侧腿；靠近人或物一边的小腿垂直于地面，处于高位腿，另一条腿的脚后跟提起，使臀部落在脚后跟上。双脚根部尽量并拢，身体面向正前方。

（2）女士半蹲蹲姿如图2-25所示。半蹲蹲姿的规范是在立姿的基本规范的基础上，上身垂直于地面并下沉至与物品或人平视的位置，保持住此姿势，身体不要摇晃。

蹲姿礼仪

图2-24　女士高低式蹲姿　　　　　图2-25　女士半蹲蹲姿

2. 男士蹲姿

男士蹲姿常用高低式蹲姿，如图2-26所示。

选择V字脚位，双手垂放于身体两侧或采用前搭式手位。侧身对人或者对物，向左或向右侧均可。对人或物靠外一边的脚向后撤，上身与地面保持垂直并下沉，将对侧手置于对侧腿；靠近人或物一边的小腿垂直于地面，处于高位腿，另一条腿的脚后跟提起，使臀部落在脚后跟上。将双手分别放于大腿上，双腿打开1～2拳的距离，将身体转向正前方。

图2-26　男士高低式蹲姿

二、正确的蹲姿与健康

正确地使用高低式蹲姿，可以保护腰部、腿部的骨骼与神经，而错误的蹲姿则有可能损伤身体。

（1）重心不能落在高位腿上：下蹲时，当臀部低于脚踝，臀部与大腿后侧的肌肉较紧张的情况下，容易发生腰背疼痛、髋关节和膝关节损伤。

（2）直接弯腰捡东西、穿鞋，腰椎承受的压力很大。

（3）下蹲或起身时速度过快、过猛，会导致血液循环跟不上，脑缺血出现眩晕，甚至晕倒。

2.3.4　鞠躬与手势

一、鞠躬

鞠躬是人们在庄严肃穆的场合、欢乐喜庆的场合表达恭敬的礼仪，也适用于日常工作与生活。在不同的场合中，鞠躬的姿态不同，表达的情感也有所区别，规范的鞠躬更能表达真诚的情感。

V字脚位站立，男士的双手分别贴放于双腿裤缝处，脚尖分开30度左右；女士在正式场合要选择前搭式（垂放）手位，在仪式迎宾场合时则选择前搭式（仪式）手位，同样脚尖也需分开30度左右。下面介绍两种鞠躬的方式。

第一种，向他人问候时，行15度～30度鞠躬礼，保持脊柱和后脑勺在一条直线上，以髋关节为轴，上身前倾15度～30度，上身前倾的同时目视对方、面带微笑，如图2-27所示，之后仍然保持上身直立，同时目光恢复到看向正前方。

第二种，表示感谢或抱歉时，行45度～90度鞠躬礼，鞠躬的幅度越深，表达的情感就越深。保持后脑勺、脊柱在一条直线上，以髋关节为轴，上身前倾，目光移至前方，做45度或90度鞠躬礼，如图2-28所示。

鞠躬礼仪

图2-27　15度～30度鞠躬礼

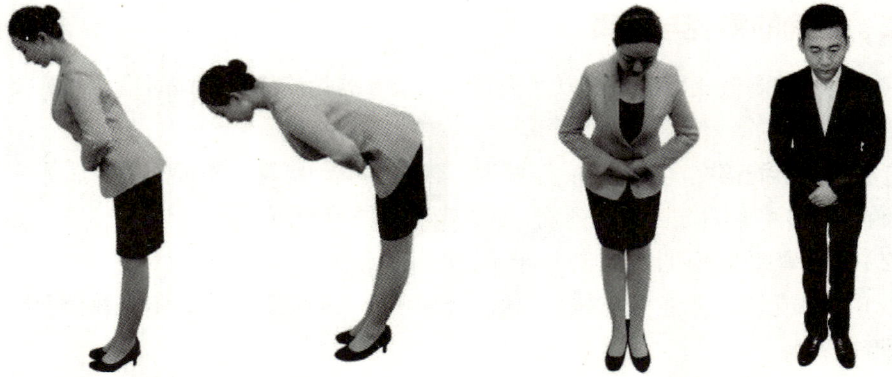

45度鞠躬礼　　　　　90度鞠躬礼　　　　　　　　鞠躬正面

图2-28　45度～90度鞠躬礼

二、手势

手势是人们传情达意的肢体动作之一，运用得当就可以深厚友谊，体现个人的良好素养。在人际交往中，切勿使用一根手指指人、指物品或指方向，在递接物品时也需注意用双手安全递接。递出去的不仅是物品，还是态度，接回来的不仅是完成的任务，还是尊重，这样在一举手、一抬臂中可以传递给他人温暖和关爱。

1. 手势的基本规范

选择V字脚位站立，双手垂放于身体两侧或搭放于体前。将任一手臂从体侧抬起，使手臂和上身在一个平面内；小臂与地面保持平行，四指并拢伸直，大拇指略内收，不用贴在食指上，手掌与地面的角度为130度，手掌和小臂在一条直线上，不要拱起手腕，肘部看起来形成了一条弧线。通常情况下，肘部距离上身约有3拳的距离。当选择双手前搭式站姿行手势动作时，另一只手臂要垂放于身体一侧。

2. 手位

手位分为上手位、中手位和下手位，用于指示不同的方位，如图2-29所示。上手位是在手势基本规范的基础上，保持指尖不要高于头顶，并指向目标方位。中手位是在手势基本规范的基础上，保持小臂与地面平行，并指向目标方位。下手位在手势基本规范的基础上，保持指尖不要低于跨部，并指向目标方位。

3. 递接物品的规范

递物前，保持V字脚位站立，面带微笑，目视对方，双手递物，如图2-30所示。递物时，要主动走向对方，并将双手伸出。如果递带有尖或韧的物品，要使尖或韧的一面朝向自己或朝向侧面。

接物前，保持V字脚位站立，面带微笑，目视对方，双手接物。接物时，要主动走向对方，并将双手伸出。在不方便使用双手接物品时，要使用右手接物品，避免单独使用左手接物品。

上手位　　　　　　中手位　　　　　　下手位

图2-29　手位

图2-30　递接物品的规范

2.3.5　表情仪态

作家罗曼·罗兰说："面部表情是多少世纪培养成功的语言，是比嘴里讲的复杂千百倍的语言。"表情中最能表达温暖和友好的是微笑，微笑被称为世界上最通用的名片，不需要翻译，他人就能感受到愉悦，亦有"融化寒冰"的功效。表情中最能传情的是眼神。孟子曰："存乎人者，莫良于眸子。眸子不能掩其恶。胸中正，则眸子了焉；

胸中不正，则眸子眊焉。听其言也，观其眸子，人焉廋哉?"

一、微笑——传递友善

和对方交流时，笑容要适度。适度的笑容指三个度的微笑。

一度微笑，称作含笑，即不露齿的微笑。微笑时眼睛形态基本不变，用于表达阳光自信、心情愉悦，如图2-31所示。

二度微笑，称作微笑，即露出3～6颗牙齿的微笑，眼睛略有弯曲，笑肌略微提起，用于和他人交谈时表达喜爱和接纳对方，如图2-32所示。

三度微笑，称作3米8微笑，意思是相隔3米，对方也能看到你露出了8颗牙齿的微笑。微笑时眉毛微微上扬，笑肌的提起幅度更大，常用于见到某人非常开心、热情地招呼问候、恭喜他人等场合，如图2-33所示。

| 图2-31 一度微笑 | 图2-32 二度微笑 | 图2-33 三度微笑 |

除了三度微笑的规范姿态外，更重要的是微笑需发自内心，由内而外地表达喜悦。用欣赏、喜爱、理解的态度对待他人，你在交往时的心态就会通过表情传递给对方，从而形成良性互动。

二、眼神——表达真诚

表达真诚的眼神可以从注视的时间、注视的区域、注视的角度3个方面来表现。

1. 注视的时间

和对方交流时需注视对方，注视的时间不要低于交流时长的1/3～2/3;不注视他人时也不可漫不经心，需要表现出专注倾听的神情。当你专注倾听时，瞳孔会不由自主地扩大，微妙的眼神变化会透露你的态度。

2. 注视的区域

（1）亲密关系的注视区域为大三角区域，即双肩至眉心的区域都可以注视。

（2）社交关系的注视区域为额部至唇部区域。注视这一区域，可以让对方感受到尊重，同时又不至于因被对方紧盯而拘谨。

（3）公务场合的注视区域为双眼至唇部。用眼睛传情，用口来达意，以便于迅速准确地捕捉对方传达的信息，避免产生误解。

3. 注视的角度

尽可能地平视对方，眼神要透露出柔和、平和，避免瞟视、俯视或斜视。

交谈时，当对方坐着，你也可坐下和对方交谈，避免对方仰头太累，且看到高高在上的你会有无形的压迫感。当对方年幼，你可蹲下与对方交谈，会更具亲和力。

当看到漂亮或美好的事物时，不要斜视或瞟视，否则会让他人误解为"瞧不起"或"嫉妒"。

本章小结

　　本章主要介绍了不同场合中的仪容规范、服饰规范与仪态规范，以及具体的操作步骤和技巧。通过对本章的学习，读者能根据自己的长相和气质类型选择适合的面部修饰方法和穿衣风格；清楚认识自己在不同场合的肢体语言表达，有助于避免在公共场合及社交场合出现手足无措的尴尬场面。也许你在初始学习阶段会认为形象是流于表面的，但相信随着你不断地践行形象礼仪，它带给你的影响一定会让你实现从量变到质变的飞跃。美好的形象结合增加的阅历，会让你散发出内外兼修的独特魅力。融会贯通地熟练运用形象礼仪，会让你在行走进退中透露出优雅和从容。

延伸阅读

一、西装的由来

　　西装又称西服，是相对于"中式服装"而言的欧系服装，起源于西欧渔民。渔民终年与海洋为伴，在海里谋生，着装散领、少扣，捕起鱼来才会方便。这种服装以方便人体活动和贴合体形为原则，形成了打褶、分片、分体的缝制方法，并以此确立了后来流行的结构模式。也有资料认为，西装源自英国王室的传统服装，盛行于19世纪中叶。它是用同一面料制成的套装，由上衣、背心和裤子组成。在造型上，西装延续了男士礼服的基本形式，属于日常服饰中的正统装束，适用场合甚为广泛，并从欧洲影响到国际社会，成为世界指导性服装。西装之所以长盛不衰，很重要的原因是主流的西装文化常常被打上"有文化、有教养、有绅士风度、有权威感"的标签。西装一直是男性服装王国的宠儿，人们常用"西装革履"来形容文质彬彬的绅士俊男。

二、鞠躬的起源

鞠躬起源于中国。商代曾流行一种祭天仪式，叫作"鞠祭"，人们将祭品（如牛、羊、猪等）弯蜷成一团，呈鞠形（弯曲的弧形），放到祭处奉祭，以此来表达恭敬与虔诚。延续至今，许多地方在逢年过节或祭拜祖宗天地时，还是会将牲畜蜷成鞠形，或把牲畜的头和尾连接在一起，使其头尾相连。由此可知，鞠躬就是由鞠祭仪式演变而来的。

后来，人们在日常工作和生活或是在仪式礼节中，逐渐用这种鞠躬礼仪表达对地位崇高者、长者的崇敬之情。鞠躬也表示自己愿意主动奉献，或者表达自己的谦卑之心。

课堂练习

练习一：单选题

1. 单排两粒纽扣的西装如果要扣，一般（　　　）。
   A. 全扣上　　　　　　　　　　B. 扣上不扣下
   C. 扣下不扣上　　　　　　　　D. 以上都可以

2. 戒指嵌有宝石的，所嵌宝石不同，象征意义各异，（　　　）表示健康。
   A. 钻石　　　　B. 翡翠　　　　C. 珍珠　　　　D. 紫水晶

3. 身材娇小者，适合留（　　　）。
   A. 长披发　　　　　　　　　　B. 大花卷发
   C. 短发或盘发　　　　　　　　D. 蓬松发型

4. 身材较胖的人应选择（　　　）的衣料，衣服颜色最好是冷色调，以达到显"瘦"的效果。
   A. 小花纹、直条纹　　　　　　B. 大花纹、直条纹
   C. 小花纹、横条纹　　　　　　D. 大花纹、横条纹

5. 饰品不可贪多求数，一般不宜佩戴（　　）以上；否则就会不分主次、喧宾夺主，甚至使人感到庸俗。

    A. 3种　　　　　　B. 4种　　　　　　C. 5种　　　　　　D. 6种

6. （　　）是所有仪态的基础。

    A. 立姿　　　　　　B. 坐姿　　　　　　C. 行姿　　　　　　D. 蹲姿

7. 平行脚位坐姿又叫（　　）。

    A. 侧平行式坐姿　　　　　　　　　B. 交叉式坐姿

    C. 正襟危坐式坐姿　　　　　　　　D. 开关式坐姿

8. 男士和女士均可使用的蹲姿是（　　）。

    A. 前后式蹲姿　　　　　　　　　　B. 交叉式蹲姿

    C. 平行式蹲姿　　　　　　　　　　D. 高低式蹲姿

9. 女士行走时（　　）应当落在一条直线上。

    A. 左脚内侧与右脚内侧的边缘　　　B. 左脚与右脚

    C. 前脚脚尖与后脚脚跟　　　　　　D. 左脚外侧与右脚外侧的边缘

10. 表达问候时的鞠躬为（　　）。

    A. 15度～30度　　　　　　　　　B. 30度～45度

    C. 45度～60度　　　　　　　　　D. 60度～90度

练习二：讨论与分享

1. 请根据周围同学的脸型、体形和个性特点，给他在服饰运用上提一些合理的建议。

2. 说说如何能将自己的立姿调整到挺拔自信的状态。

练习三：案例分析

案例1：

莫言应该穿什么服装去领诺贝尔奖

2012年，诺贝尔文学奖的获得者为我国作家莫言。在他启程领奖前的一个月里，许多人的焦点却从他的作品转移到他该穿什么服装去参加盛大的诺贝尔颁奖仪式上，是汉服？中山装？唐装？西装？还是燕尾服？作家莫言最后决定入乡随俗，根据场合特点选择了燕尾服。那么，诺贝尔颁奖仪式为什么强调男士穿燕尾服呢？其实是为了体现敬畏、平等和尊重、创造的精神。诺贝尔颁奖章程规定，男士穿燕尾服或本民族礼服。燕尾服是国际上男士社交的晚间第一礼服，"第一"表达了对获奖者最高的礼遇和尊重。

🔆 | **思考** |---

　　莫言为什么穿燕尾服参加诺贝尔颁奖仪式?

案例2：

　　当我们招待客人用茶时，如果因间隔一张桌子而无法走到对方身侧，我们可以选择用右手递出茶杯给距离较远的客人，同时用左手抬住右小臂，以表示未能双手递送茶杯的歉意和敬意。

🔆 | **思考** |---

　　以上案例告诉我们在使用礼仪规范时应遵循一个什么原则? 为什么?

美只愉悦眼睛，

而气质的优雅使人心灵入迷。

—— 伏尔泰（法国启蒙思想家）

第3章 气质修炼

★ 本章要点

1. 气质、风度的含义与修炼。

2. 雅言雅行。

3. 阳光心态与自我调适。

⏱ 学习目标

1. 了解自己的气质特点和其他不同类型气质的特点，理解宜人风度的内涵并进行自我改进、完善。

2. 掌握雅言雅行的标准和运用。

3. 理解阳光心态与情绪调节。

旗袍先生崔万志

崔万志，男，汉族，1976年出生于安徽肥东，本科学历，安徽省合肥浩强电子商务有限公司董事长，蝶恋服饰、雀之恋旗袍CEO，浙江大学客座讲师。

崔万志出生时，由于脐带绕颈，导致脑部缺氧，最终造成行走不便，语言不畅，落下终身残疾。

1995年，崔万志考上新疆石河子大学经济管理专业，于1999年大学毕业。因身体残疾而找不到工作的他开始自己创业：在天桥上摆地摊，之后也开过书店、网吧，其间经历亏损、破产等种种艰辛。

2005年年初，他的网店"亦心家园"开张。2007年，他注册了"蝶恋""尔朴树""亦心家园"3个服装品牌。其网店有过较好的成交量，低潮时也有过400万元的欠债，但崔万志始终本本分分做生意，坚信以诚经商会赢得顾客的信赖和认可。后来，崔万志创建旗袍品牌。他带着员工四处拜师学艺，从选料到裁剪、刺绣，甚至一粒小小的盘扣都力求精细。截至2013年，崔万志的网店已成为安徽最大的淘宝网店，年销售额超过1000万元，网店也从最初的5人发展到500余人。崔万志创立的蝶恋品牌是淘宝网上受欢迎的女装品牌之一。

事业蒸蒸日上之际，崔万志没有忘记那些和自己一样身有残疾但渴望创业的人。他在公司内安置了数十名残疾人就业。崔万志热心社会公益，积极助残扶残，支

思考 ❓

先天条件并不好的崔万志靠什么度过了人生困难期？

持了20多名残疾人开网店，先后举办了多期残疾人免费专场培训，在高校捐资设立励志奖学金。崔万志曾被评为安徽"2011年度新闻人物"，入选"安徽好人"。

2015年6月，崔万志获得《超级演说家》年度亚军，同年8月荣获"诚信与法治"全国演讲大赛总决赛特等奖。

2016年1月，崔万志获得中国旗袍"十大领军人物""十大魅力旗袍人"荣誉。2016年3月，崔万志的新书《不抱怨·靠自己》全球发布会在京举行。

案例引申

有风度、有气质的人处处散发着人格魅力，这不仅照亮了自己的人生之路，也点亮了别人的心灵之窗，让自己与他人共同走向美好。

不断提升自己的气质和风度是我们人生的必修课，它能让我们一步一步成为更好的自己。

3.1 气度修炼

学"礼"
每个人都具有特定的气质，了解这些气质的特征可以帮助我们更好地认识自己和他人。在此基础上，通过学习个人气质、风度修炼的标准和方法，我们能不断地修正、完善自己，让自己散发出独特的气质魅力。

3.1.1 认识与调整自我

基于生存的需要，人需要对周围的人和事物有所了解和认识，人也可以并能够对周围的人和事物有所了解和认识。但对很多人来说，唯一忽略的是对自己的了解和认识。为什么要谈及这个问题？因为这个问题很重要但又常常被人忽视。

很多心理咨询师都曾接待过这样的人：在主诉过程中，他们一边说一边哭，感到很委屈，也很为难，甚至觉得走投无路。听起来他们讲述的好像都是一些不足挂齿的小事，但就是这些小事深深困扰着他们。究其原因，大多是这些人并不明白自己是谁，自己是一个怎样的人，内心深处的基本需求是什么，更不知道如何调整自己。

📝 测一测　　　　　　　　　　　　　　　　　你的顾忌在哪里？

人们常常会把自己真实的一面有意或无意地隐藏在外表之下，但是很多时候，一些看似不起眼的小动作往往会暴露自己的内心。为了更加了解自己，你可以做一做下面的测试。

你偷偷存了很久的钱，终于如愿以偿买到了早就想要的宠物狗。没想到回家打开笼子后，宠物狗可能因为害怕，居然一溜烟地躲了起来。你觉得它会躲在哪里呢？

A．书桌下　　　　　B．镜子后面　　　　　C．电视机后面　　　　　D．床下

参考分析和自我调整建议

选择 A 的人　你对自己的知识、见识有顾忌。书桌是念书用功的地方，选择这里的你对自己的知识、见识有过深的情结。只要周围的人开始谈论时尚、艺术或其他话题，而你跟不上的时候，你就会觉得自己很丢脸。

自我调整建议：可以通过学习、交流等方法努力丰富相关知识，多花点时间研究一下相关问题。

选择 B 的人　你对自己的外貌有顾忌。镜子能映出全身的曲线和面容，选择这里的你对自己的容貌、身材等没有信心。

自我调整建议：虽然外貌问题不是那么容易解决，但这也不是缺点，何不注意发挥自己的特长呢？

选择 C 的人　你对人际关系有顾忌。电视里的新闻或戏剧都可看作社会生活的缩影，选择这里的你感觉自己不擅长与人沟通，说话时常会过分紧张，即使讲了也不知道自己是否将意见传达出去了，或是常常在冲动之下说了不该说的话。

自我调整建议：可以从身边关系亲近的人开始，努力练习说话和表达，正面激励自己，坚持下去，一定会有意想不到的效果。

选择 D 的人　你对恋爱有顾忌。你可以和朋友自然相处，但是在恋爱中会患得患失，变得很胆小。

自我调整建议：坦诚面对，真诚交往，收放自如，自信阳光。

　　能够客观、坦然地面对自己的不足，并采取积极正向的改进方法不断完善自己是个人气质修炼最关键的一步，也是塑造自我人格魅力非常重要的一点。

3.1.2　不同气质的特征

　　气质一般指人的比较稳定的个性特征，如容易兴奋、活泼好动、沉默安静等，与通常所说的"脾气""性情"相近。此外，气质也泛指人的风格、气度。

　　在心理学上，人的气质可分为多血质、胆汁质、黏液质、抑郁质4种类型，如表3-1所示。

表3-1　气质类型的心理指标

气质类型	感受性	耐受性	敏捷性	可塑性	情绪兴奋性	倾向性	速度
多血质	低	较高	灵活	大	高	外向	快
胆汁质	低	较高	灵活	小	高	外向	快
黏液质	低	高	不灵活	稳定	低	内向	慢
抑郁质	高	低	不灵活	刻板	低	内向	慢

不同气质的特征和自我修炼建议

多血质　情感丰富，思维灵活，反应敏捷，喜欢交往，容易适应环境，但往往不求甚解，做事粗枝大叶，注意力易转移，情绪不稳定，感情易表露但体验不深。

自我修炼建议：注意培养自己的耐力和韧性，不要凡事知其然而不知其所以然。

胆汁质　精力旺盛，反应迅速，直率热情，表里如一，有顽强的拼劲和较高的果敢性，但是情绪表达强烈，易急躁、冲动，整个心理活动具有迅速而突发的特点。

自我修炼建议：注意培养自己的耐心，多倾听、体谅他人，不要过急、过激。

黏液质　安静沉稳，喜欢深思，情绪不易外露，善于忍耐、自制，但灵活性不足，比较刻板，注重稳定，不易习惯新环境、新工作，对周围事物冷淡，反应缓慢。

自我修炼建议：注意培养自己勤奋、进取和求索的精神，防止出现懒惰或冷淡的感情。

抑郁质 敏感慎重，情感体验深刻、持久，情绪不易外露；观察敏锐，办事认真细致，但是行动缓慢，胆小、孤僻、不善交往，遇到困难或挫折易畏缩。

自我修炼建议：克服胆小，多与人沟通交流，遇到不顺多激励自己，并主动寻求可能得到的帮助。

需要指出的是，人的气质特征千差万别，上述4种气质类型的划分只是相对的。事实上，大多数人属于不同气质类型的混合型或近似于某种类型，或介于某些类型之间。

不同气质类型的人具有不同的特点，且各具优缺点，我们通过理性的剖析来认识自己和他人的气质特点，不仅可以取长补短，而且可以发挥各自的优势，规避短板，实现友好合作。

3.1.3 培养宜人风度

风度最早用于形容文采出众，后来延伸至礼数。风度的本意是指人的举止姿态，是一个人内在实力的自然流露，也是一种魅力。它主要取决于人的仪态、言谈、气量，是人最直观的素质之一。要培养宜人风度，我们要做好以下3点。

（1）端庄挺拔的仪态。

（2）文雅谦和的言谈。

（3）宽容大度的气量。

气量是指能容纳不同意见的肚量和胸怀。这是非常难得的，也是让人交口称扬的风度，故俗语称"人有雅量无难事"。我们常闻"君子之风""绅士风度"，其中就包含诚实坦然、深明大义、乐于助人等高尚的品格。

我们都知道廉颇"负荆请罪"的故事。蔺相如因"完璧归赵"之功而被封为上卿，位在廉颇之上。廉颇很不服气，扬言要当面羞辱蔺相如。蔺相如得知后，尽量回避、容让，不与廉颇发生冲突。蔺相如的门客以为他畏惧廉颇，蔺相如却说："秦国不敢侵略我们赵国，是因为有我和廉将军。我对廉将军容忍、退让，是把国家的危难放在前面，把个人的私仇放在后面啊！"这话被廉颇听到后，他感动于蔺相如的气量与大义，就有了后面"负荆请罪"一事。

3.2 雅言雅行

君子安雅。

——《荀子·荣辱》。

（注：正而有美德者谓之雅。）

"雅"表示正规、美好、高尚，是一种修养，是一种内涵，是一个人内在素质的体现。

雅言雅行就是指优雅的谈吐、文雅的举止和高尚的品德。自古以来，言行有礼、态度谦敬、真诚善良的人会从内而外散发出高雅的气质，具有谦谦君子的风范，容易受到人们的尊重和欢迎。

3.2.1 敬称和谦称

敬称，即对别人表示敬重的称呼；谦称，用于自我表示谦恭的称呼。"敬人谦己"是中国文化的一个重要特点。

言辞敬谦体现了一个人的文化修养，也是言语之雅的重要体现。谦敬语在实际生活中也运用十分普遍，是社交时的润滑剂。

一、敬称

荀子云："言语之美，穆穆皇皇。"这是荀子在《荀子·大略》中对美的语言所发出的赞叹，"穆穆"是敬重的意思。

敬称即尊称，是尊敬对方而采用的称谓。专门用于敬称的有"令""尊""贵""仁""贤""高""惠""先""圣"等字族。

（1）"令"字族：对他人亲属的尊称，表达尊贵的意思。

> 如
>
> 令堂：称对方的母亲。　　令尊：称对方的父亲。
>
> 令兄：称对方的哥哥。　　令弟：称对方的弟弟。
>
> 令妹：称对方的妹妹。　　令坦：称对方的女婿。
>
> 令郎：称对方的儿子。　　令爱：称对方的女儿。

（2）"尊"和"贵"字族：都表示与对方有关的人或物。

> 如
> 尊上：称对方的父母。　　尊亲：称对方的亲戚。
> 尊驾：称对方。　　　　　贵府：称对方的家。
> 贵国：称对方的国家。　　贵校：称对方的学校。

（3）"仁"字族：表示爱重。

> 如
> 仁兄：称年长于自己的男性。　　仁公：称地位高的人。

（4）"贤"字族：用于称呼晚辈或平辈。

> 如
> 贤弟：称小于自己的男性。　　贤郎：称对方的儿子。

（5）"高"字族：用于称呼与对方有关的人或事。

> 如
> 高就：询问对方的职位。　　高徒：称对方的学生。
> 高龄：询问老人家的年龄。　　高见：询问对方的观点。

（6）"惠"字族：表示对方对自己的行为。

> 如
> 惠存：对方将物品放到自己这里　　惠顾：对方到自己这里来。
> （意为请保存，多用于送人物品时所题的上款）。

（7）"先"字族：称呼已经去世的人。

> 如
> 先父：称已经去世的父亲。　　先慈：称已经去世的母亲。
> 先贤：称已故的有才德的人。

（8）"圣"字族：对智慧超群、品德高尚的人表达敬意。

> 如
> 孔圣人：孔子。　　　　　圣上：皇帝。

此外，古时称人之字，也是一种敬称。例如王安石《答司马谏议书》："故今具道所以，冀君实或见恕也。"句中的"君实"是司马光的字，这是王安石对司马光的一种敬称。

二、谦称

谦称是对自己及与自己有关的人与事的称呼，人们使用谦称主要是表示自己的谦逊和对对方的敬重。专门用于谦称的有"家""舍""鄙""愚""敝""拙""小""敢""见"等字族。

（1）"家"字族：用于对别人称比自己辈分高或年纪大的亲属。

> **如** 家父、家严：对别人称自己的父亲。　　家慈：对别人称自己的母亲。
> 家兄：对别人称自己的兄长。

（2）"舍"字族：用于对别人称比自己辈分低或年龄小的亲属。

> **如** 舍侄：对别人称自己的侄子。　　舍弟：对别人称自己的弟弟。
> 舍亲：对别人称自己的亲人。　　舍间：谦称自己的家，也称"舍下"。

（3）"鄙"字族：用于称自己或自己的看法。

> **如** 鄙人：谦称自己。　　鄙意：谦称自己的意见。
> 鄙见：谦称自己的见解。

（4）"愚"字族：用于称自己或自己的看法。

> **如** 愚兄：向比自己年轻的人称自己。　　愚见：谦称自己的见解

（5）"敝"字族：用于称自己或与自己有关的事物。

> **如** 敝人：谦称自己。　　敝姓：谦称自己的姓。
> 敝校：谦称自己的学校。

（6）"拙"字族：用于称自己的作品或看法。

> **如** 拙笔：谦称自己的文字或书画。　　拙著、拙作：谦称自己的文章。
> 拙见：谦称自己的见解。

（7）"小"字族：用于称自己或自己的物件。

> **如** 小人：地位低的人自称。　　小店：谦称自己的店铺。

（8）"敢"字族：表示冒昧地请示对方。

> 如　**敢问**：用于向对方询问。　　　　　　**敢请**：用于请求对方做某事。
> 　　**敢烦**：用于麻烦对方做某事。

（9）"见"字族：有"请"的意思。

> 如　**见谅**：客套话，表示请人谅解。　**见教**：客套话，指教（我），如"有何见教"。

此外，古时自称其名，也是一种谦称。例如《论语·季氏》："丘也闻有国有家者，不患寡而患不均，不患贫而患不安。"句中的"丘"是孔子的名，这是孔子的谦称。

人际交往中，敬称代替了第二人称，谦称代替了第一人称。因此，它们虽然都不是代词，却相当于代词"您"或"我"。

敬称还体现在人们在交往过程中所采用的相互称呼。选择正确的、适当的称呼，既反映了自身的教养，也体现出双方关系的亲密程度。因此，人们在正式场合所使用的称呼应当正式、符合礼节。在社交活动中，人们所使用的称呼主要有以下7种形式，分别应在不同的场合选用。

（1）称呼职务。在人际交往中，此类称呼最为常用。尤其是与外界交往时，称呼职务意在表示交往双方身份有别，如"局长""主任"等。一般来说，如果被称呼者是担任副职，为了表达尊重，则往往省去"副"字，如"刘副主任"可称为"刘主任"等。

（2）称呼职称。在交往中为表示对具有技术职称者，尤其是高、中级技术职称者的尊敬，可以用其职称相称。我们可以只称其职称，如"教授""研究员""工程师""医师"等；也可以在职称前加上姓氏，如"李教授""张研究员""王工程师""刘医师"等。当然有时可以简化，如将"王工程师"简化为"王工"，但使用简称应以不发生误会、产生歧义为前提。我们还可以在职称前加上姓名，这适用于十分正式的场合，如"吴××编审""韩××教授"等。

（3）称呼职业。一般来说，我们可以直接称呼被称呼者的职业，如"记者""律师""导游""医生""营业员""服务员"等。

（4）称呼尊称。称呼尊称普遍适用于各类被称呼者，诸如"先生""老师"等，都属于通行尊称。

（5）称呼姓名。面对同事、熟人，我们可以直呼其名，以示关系亲近。面对同事、朋友，也可以只呼其姓，并在姓前面加上"老""小"，如"老王""小张"等。

（6）称呼代词。根据不同的对象，可以使用"你""您"等第二人称称呼。"您"用来称呼长辈、上级或陌生人，以示尊重；而"你"用来称呼自家人、熟人、朋友、平辈或晚辈，表示亲切、友好。

（7）称呼亲属。我们可以亲切地称呼年长者为"叔叔""阿姨""大伯"等。

在正式场合采用低级庸俗的称呼，是既失礼又失身份的做法。例如，当面称呼他人的绰号，是不尊重对方的表现。

称呼别人时，语速要慢，发音要清楚，不要含糊不清，一带而过。在交谈过程中称呼对方时要加重语气，称呼完停顿一会儿，然后再谈要说的事，这样才能引起对方的注意，使对方认真地听下去。如果称呼得很轻、很快，对方会有一带而过的感觉，就不会产生兴趣。如果不注意对对方的称呼，而过分强调要谈的事情，那就会适得其反。所以一定要完整地称呼对方，以显示对对方的尊重。

在国际交往中，我们对外国人的称谓也应有所了解，做到知己知彼，百战不殆。

在国际交往中，我们一般将男子称为先生，已婚女子称为夫人，未婚女子称为小姐或统称为女士，并可在前面加上姓名、职称、官衔或爵位等；也可将地位高的人士称为阁下，或以职称加先生、女士相称。

各国人姓名的组成顺序不同。在大部分欧美国家，名在前、姓在后。女性在婚前一般用自己的姓名，婚后一般是自己的名加丈夫的姓，书写时名可缩写为一个字头，姓不能缩写。西班牙人、葡萄牙人的姓名常有四节，前二节为本人的名字。西班牙人倒数第二节为父姓，最后一节为母姓；葡萄牙人则相反，倒数第二节是母姓，最后一节为父姓。他们的姓名简称一般用本人的名字加父姓。在美国、法国、英国等国家，为了显示彼此之间关系的亲近，喜欢称别人以爱称，但在正式场合还是用正式称呼最恰当。

3.2.2 言辞文雅

言语即心声，言语展现了一个人的性情，谈吐体现了一个人的品格。

言辞文雅就是交谈时要谦和真诚、舒畅有序、注意场合、言真有理。

1. 谦和真诚

谦和真诚是做人的美德，"出自肺腑的语言才能触动别人的心弦"，只有态度谦和、语言真诚才能获得对方的信任和认同。所以我们在说话时，在心理上、用词上、语调上都要体现对对方的尊重，使用文明礼貌语。

人们常道"良言一句三冬暖，恶语伤人六月寒"，说明言语在人际交往中有着举足轻重的作用。这就要求我们要语言文明、态度谦逊、言语真诚，不可高声喧哗、浮夸玩笑，特别在与长辈或者领导交流时，要做到虚心和尊重。当谈到自己的时候要谦虚，谈到对方的时候要表示尊重。

2. 舒畅有序

《弟子规》中讲道："凡道字，重且舒。勿急疾，勿模糊。"意思是吐字要清楚有力，缓缓道来，说话不可以太急，吐字清晰，不能模糊不清。此外，说话还要言之有序，要明确先讲什么、后讲什么，思路要清晰，内容要有条理，布局要合理。

3. 注意场合

说话时，要注意说话的场景和谈话的对象。"择辞而说，不道恶语，时然后言，不厌于人"，说话要注意分寸，选择恰当的语言，不说恶俗、讥讽的话；说话要看场合，在合适的时候说合适的话，这样才不令人讨厌。

4. 言真有理

荀子把"言必当理"看作语言美的首要标准。尽管语言丰富复杂、千差万别，但语言美存在着一条永恒不变的评价标准，这个标准就是"理"，其实质内容就是"礼义"，即封建地主阶级的最高道德规范。

例如，"君子一言，驷马难追""凡出言，信为先。诈与妄，奚可焉"，都在说君子说的话一定是"有理"的话，不是胡乱说或道听途说；而且君子重视诺言的践行，不说大话、刻薄、污秽的话，也不说长道短。

在现代社会，践行言辞文雅要养成说"文明十字用语"的习惯，掌握常见的礼貌用语。

"文明十字用语"如下。

（1）"您好"：用于见面招呼时。

（2）"请"：用于让对方配合、协助自己时。

（3）"谢谢"：用于得到他人帮助、配合、协助时。

（4）"对不起"：用于给对方造成麻烦、伤害时。

（5）"再见"：用于向对方告辞或结束交谈时。

常见的礼貌用语

与人相见说【您好】	问人姓氏说【贵姓】	请人协助说【费心】
长期未见说【久违】	向人询问说【请问】	客人来到说【欢迎】
请人解答说【请教】	初次见面说【久仰】	求人帮忙说【劳驾】
征求意见说【指教】	求人原谅说【包涵】	向人祝贺说【恭喜】
与人分别说【告辞】	麻烦别人说【打扰】	托人办事说【拜托】
赞人见解说【高见】	请人指点说【赐教】	与客道别说【再来】
看望别人说【拜访】	送客出门说【慢走】	陪伴朋友说【奉陪】
中途离开说【失陪】	宾客来临说【光临】	归还物件说【奉还】
等候客人说【恭候】	请人勿送说【留步】	老人年龄说【高寿】

与人交往不仅要从心里尊重对方，也要学会通过语言把对对方的尊重恰当地表达出来，让对方直接感受到、接收到你的友好和善意，达到加深理解、增进感情、和谐交往的效果。

3.2.3 行以善

君子在与人交往时，一言一行都会出于善意。在言行上，我们要说对别人有益的话，做对别人有益的事。

《弟子规》说："人有短，切莫揭。人有私，切莫说。道人善，即是善。人知之，愈思勉。扬人恶，即是恶。疾之甚，祸且作。善相劝，德皆建。过不规，道两亏。"

这段话的意思是"人的短处，不要去揭露它；人的隐私，不要去宣扬它。称赞他人善良的思想、行为，就是在做善事；当对方知道你在宣扬他的善良思想、行为时，他会愈加努力做更多的善事。到处张扬他人的恶行劣迹，就是在做坏事；如果指责批评太过分了，还会给自己招来灾祸。朋友之间相处应用爱为中心的善良思想相互劝勉，这样双方都是在行功德事，做功德业；如果对朋友的过错不帮助纠错或规劝，彼此之间都是在做损德之事。"

所以，与人相处时，我们要与人为善、相互帮助、济人之急、救人之危。

3.3 阳光心态

3.3.1 调节情绪

心理学认为，情绪是指伴随着认知和意识过程而产生的对外界事物的态度，是对客观事物和主体需求之间的关系的反应。情绪包含情绪体验、情绪行为、情绪唤醒和对刺激物的认知等元素。

生活中不可能没有情绪，我们几乎都体验过喜、怒、忧、思、悲、恐、惊等不同的情绪，这些情绪体验是我们在成长中必然会经历的。学会正确调节自己的情绪并理解他人的情绪，是我们走向成熟、走向智慧必不可少的。

情绪总能够以很快的速度形成，快到我们甚至无法察觉。情绪能够在危急时刻化解矛盾、危险，也能够在一瞬间破坏我们的生活。比如，有些人在遇到令自己生气的事情时，会瞬间变得很激动，口不择言，甚至出手伤人，给自己和他人都造成了严重的伤害；而有些人在面对同样的事情时，则善于控制和调节自己的情绪，理智应对，或晓之以理，动之以情，或经专业分析，通过合理的渠道和方法让问题得以妥善和圆满解决。

有的人长期受不良情绪困扰，较严重地影响了生活和学习。遇到这样的情况，我们首先要引起重视，但不要过于紧张和焦虑，只要进行有效的疏导，逐步进行调适，情绪是可以得以改善、恢复正常的。

📖 评一评 ···················· 你有与杰克类似的情绪问题吗？

杰克是一个多愁善感的小伙子，叶落草枯都可能引起他的无限感触。他常常一言不发地凝神静思，有时还莫名其妙地唉声叹气。

在长吁短叹中，杰克已步入中年。有一天，杰克碰到一位心理专家，心理专家听他诉说了自己的苦恼后，一语道破了其中的原因："你过去之所以从未快乐过，是因为你总把已经逝去的一切看得比实际情况更好，总把眼前发生的一切看得比事实更糟，总把未来的前景描绘得过分乐观，而实际又无法达到。如此渐渐地形成了恶性循环，自然就钻入了'庸人自扰'的怪圈了。"

情绪调节、疏导　很多时候，我们遇到困难并不意味着穷途末路，就好比花儿的变化，今天枯败的花儿蕴藏着明天新生的种子。同样，今天的悲伤、挫折也可能预示着明天的喜悦、成功，能冷静、客观地看待事物，善于及时调节自己的情绪，是一个智慧、豁达的人所必备的品格和素质。

3.3.2 塑造阳光心态

心态，通俗来讲就是指心理状态。心理状态是介于心理过程和个性心理特征之间的。心理过程是不断变化着的、暂时性的，个性心理特征是相对稳固的，所以心理状态既有暂时性、又有稳固性，是心理过程与个性心理特征统一的表现。

阳光心态表现为遇事能正向思考，遇到困难能积极面对并理性、从容处理。

📝 测一测 ⋯⋯⋯⋯⋯⋯⋯⋯⋯⋯⋯⋯⋯ **遇到下面的情况，你会怎样考虑（参照见表3-2）？**

情景1　假如你在同学或同事面前做了一件错事，此时你心里会怎么想？
情景2　当你第一次做某件事并且发现它做起来相当困难时，你会对自己说什么？
情景3　假如上级叫你过去而你不知道是为何时，你心里会怎样想？
情景4　想象你在热闹的大街上走路摔倒了，你心里会怎么想？
情景5　当你跑着去赴一个要迟到的重要会面时，你会对自己说什么？
情景6　竞选某个职位，结果一个你认为不及你优秀的人高票当选，你会怎么想？

表3-2　心态测试参考分析表

情景	心态模式	心态表现
情景1	消极心态	"好了，现在他们知道我没用了！"
	积极心态	"我要汲取经验教训，下次做好。"

情景	心态模式	心态表现
情景2	消极心态	"我太笨了，什么也学不会。"
	积极心态	"凡事开头难，只要坚持，我会做好的！"
情景3	消极心态	"上级叫我过去？是不是我做错什么事了？"
	积极心态	"我想知道发生了什么。"
情景4	消极心态	"我真蠢，甚至不能做到在路上不出丑。"
	积极心态	"哎呀！我应该好好走路。"
情景5	消极心态	"我又要迟到了，我总是迟到，把事情弄得一团糟。"
	积极心态	"迟到可不是我一贯的风格，我最好打个电话通知他们。"
情景6	消极心态	"选他/她？那些投票的人是不是傻呀？"
	积极心态	"他/她应该有自己的过人之处，我还需要提升自己。"
小结：消极心态常与一味责备、不找方法、逃避困难、自大自负等表现联系在一起，而积极心态则表现为客观面对、努力找寻解决方法、谦虚好学和积极改善		

拥有阳光心态有时比拥有众多的聪明才能更有力量。这里讲一个很有哲理的小故事。一个小孩很认真、很用力地背对着太阳跑，因为他想要超越自己的影子。可是，不管他跑多远、跑多快，影子总是在他前面。后来，有人告诉他一个简单的方法："你只要面对太阳，影子不就跑到你的背后去了吗？"所以，当我们能以阳光心态去看待身边的事物，就会发现、感受到很多奇妙和美好；当我们能以阳光心态去面对困难和挫折时，常会发现"柳暗花明又一村"的转机。

3.3.3 ▸ 让生活充满阳光

内心充满阳光的人才能让自己的生活充满阳光。

内心充满阳光的人不是不会遇到困难、挫折，也不会事事如意，而是懂得如何与自己相处，与他人相处，与环境相处，让自己与外界和谐共处。

内心充满阳光的人一般具有以下人格特征。

（1）个体人格特征

自尊：自我尊重，客观认识自我，既不自负，也不自卑。

自爱：自我爱护，不做伤害自己的事情。

自信：自我肯定与相信，既勇于面对，也不盲目冒进。

自勉：自我勉励，在困难、不如意时能自我激励。

自立：不依赖别人，自己能做的事尽量自己完成。

自强：努力向上，勇于进取，坚韧不拔。

（2）社会人格特征

互敬：互相尊重，互相体谅。

互助：互相支持，互相帮助。

互学：互相学习，取长补短。

互让：互相谦让，与人方便。

互慰：互相关照，彼此安慰。

互勉：互相勉励，彼此鼓舞。

通过学习和实践，学会调节自己的情绪、修正自我的不足，每个人都能成为生活的主人。没有谁的生活会一帆风顺，但阳光总在风雨后，相信能看到彩虹。

⬢ 本章小结

　　本章主要介绍了气质、风度修炼及雅言雅行、阳光心态3个方面的内容。气质、风度修炼让读者了解不同的气质特征和对应的气质修炼方法。雅言雅行让读者了解敬称和谦称、言辞文雅、行以善3方面的礼仪要求，理解有礼、文雅和美善的言行礼仪，学会言行有礼、态度谦敬、真诚恳切的行为规范和态度，培养温文尔雅的文明言行观念。阳光心态让读者认识积极心态与消极心态的具体表现，并让读者学习如何通过人格塑造来建立阳光心态。

⬛ 延伸阅读

一、范仲淹的善行

　　范仲淹幼年家境贫穷，生活艰难，心想将来若能出人头地，定要救济贫苦者。后来，他当了宰相，便把俸禄拿出来购置义田，给贫穷无田地者耕作。

　　有一次在苏州买屋居住，有人说此屋朝向好、光线好、通风，适合读书。范仲淹心想，既然此屋适合读书，不如改为学堂，让苏州城百姓的子弟入学，将来众人的子弟都能读好书，成为有用之才，较之自己一家的子弟读书成才不是更有益吗？于是，他立刻把住宅捐出来改作学堂，进一步实现了年轻时的夙愿。

后来，范仲淹的4个儿子长大成人，均聪颖非凡，德才兼备，分别官至司竹监、宰相、礼部尚书、户部侍郎。范家的曾孙都贤达，绵延不绝。如今，苏州一带，范氏后人依然兴旺。

范仲淹为他人谋福利，不惜牺牲自己的利益，播下了善种，为子孙万代谋得福利，成为行善的典范，受世人敬仰、赞颂。

二、学会控制愤怒情绪是人生的必修课

愤怒是生活的一部分，就像记忆、幸福和同情一样。没有人会主动选择愤怒。愤怒是基于神经系统的一种本能反应。愤怒是一种大众化的情绪，很多人都会受到愤怒情绪的困扰。成千上万的人都可能受到愤怒情绪的伤害，所以学会控制愤怒情绪非常重要。

从前，有个人在一夜之间突然富有了起来，但是他不知道要如何处理这些钱。他向一位和尚诉苦，这位和尚便开导他说："你一向贫穷，没有智慧，现在有了钱，不贫穷了，可是依然没有智慧。你到城里去，那里有大智慧的人，你出些银子，别人就会教你智慧之法。"那人就去城里，逢人就问哪里有智慧可买。有位僧人告诉他："你若遇到疑难的事，且不要急着处理，可以先朝前走7步，再后退7步，这样进退3次，智慧便来了。"那人将信将疑地离开了。

当天夜里，那人回到家，在昏暗中发现妻子与人同眠，顿时怒起，拔出刀来便想行凶。这时，他忽然想起白天学来的智慧，心想："何不试试？"于是，他先前进7步，再后退7步，进退3次后，点亮了灯光再看，发现妻子是与自己的母亲同眠。此人有幸"买"了智慧，避免了一场杀母大祸。

我们不否认，愤怒往往事出有因，但我们是有理性、有思维的，不能仅受感性的支配，更要受理性的控制。下面几种控制愤怒情绪的方法可供参考。

（1）留意愤怒的信号，比如当你捏紧拳头或咬紧牙关或暗自诅咒时，你要马上意识到自己已经处在愤怒中了，可以试试深吸一口气，数一数数字，平息一下怒火。

（2）冷处理，不要马上回应。当对方令你很不悦时，你可以选择先回避，暂时不回应。

（3）明确沟通的目的，对事不对人。沟通的目的是共同解决问题，就事论事，不是攻击他人，宣泄情绪。

（4）换位思考，多替别人着想，就不容易生气。

（5）不苛求完美，不处处攀比，尊重现实。

学会控制愤怒情绪是人生的必修课，只有学会控制愤怒情绪才能增添自己幸福的砝码，而持续愤怒只会湮没快乐和成功。请大家牢牢记住：愤怒的人总会打败自己。

课堂练习

练习一：单选题

1. 风度气质宜人的人，是具有（　　）特点的人。
   A. 面容姣好　　　　　　　　　　B. 身材健美
   C. 口齿伶俐　　　　　　　　　　D. 心态阳光，言行得体

2. 当你与一位此前从不认识的人一同走进会场时，表现积极心态的想法是（　　）。
   A. "我讨厌与这个陌生人在一起"
   B. "我要保持镇静，一切都会好的"
   C. "他/她的衣服比我的华丽多了，待会儿一同进会场，大家一定会取笑我的"
   D. "这个人看上去比我差远了，怎么安排他/她和我一同进会场呢?"

3. 内心充满阳光的人，是指（　　）。
   A. 善于调节、控制情绪的人　　　B. 从来没有遇到不如意的人
   C. 表面微笑，内心总不平的人　　D. 做事马虎，责任心不强的人

4. 小王把自己的电话号码发给小吴，小吴收到后，回复信息应是（　　）。
   A. "收到，已惠顾!"　　　　　　B. "收到，已惠存!"
   C. "收到，已光顾!"　　　　　　D. "收到，已审阅!"

5. 当你夸奖对方的儿子时，可以说："（　　）真是一表人才。"
   A. 犬子　　　　　　　　　　　　B. 太子
   C. 令郎　　　　　　　　　　　　D. 令爱

6. 当你让对方把门关上时，可以说："（　　）"。
   A. 把门给我关上　　　　　　　　B. 喂/哎，把门关上
   C. 关门，关门　　　　　　　　　D. 明华，请把门关上

练习二：讨论与分享

1. 当你感到很愤怒时，曾用哪些方法帮助自己平息情绪?

2. 说说雅言雅行在生活中的运用。

练习三：案例分析

　　某君请客，来者有先后，他看有几位客人还没到，便自言自语道："该来的怎么还没来呢？"已来的客人听了，心想："我们都是不该来的。"于是有一半客人悄悄走了。他一看有客人走了，焦急地说："嘿！不该走的倒走了！"剩下的客人一听："哦，已走的是不该走的，那么该走的就是我们了！"于是，剩下的客人中有2/3的人离开了。看到这么多客人都不辞而别，这人急得直拍大腿说："这、这，我说的不是他们。"剩下的客人一听，心想："那就是我们了。"于是剩下的客人也都拍腿告辞了。

> ✿ | **思考** |
>
> 　　以上案例给我们的启示是什么？如果你是某君，你会怎么做？

第3篇

礼仪运用篇

父慈子孝，兄友弟恭，夫正妇顺，
内外有别，尊幼有序，礼义廉耻，
兼修四维，气必正，心必厚，
行必公。

——《林家祖训》

第4章 家庭邻里交往礼仪

★ 本章要点

1. 孝亲礼仪的体现。
2. 手足礼仪的体现。
3. 邻里礼仪的体现。

◎ 学习目标

1. 了解孝亲礼仪的要求和行为规范，树立谦恭有礼的事亲敬老观念。
2. 了解手足礼仪的要求和行为规范，树立兄友弟恭的相处观念。
3. 了解邻里礼仪的要求和行为规范，树立邻里之间相互礼让、相互帮助的相处观念。

百善孝为先

我国有句家喻户晓的俗语："万恶淫为首，百善孝为先。"这句话的意思是说，最大的恶是邪淫，最大的善是孝敬父母。"百善孝为先"已经融入中华民族的文化血脉，一代代传承。

汉文帝是一位贤明的君主，也是一个大孝子。汉文帝每天公务繁忙，天下事令他劳心劳力。可是不管有多忙，汉文帝每天都不会忘记到母亲那里去请安。遇到母亲生病，他更是悉心侍奉。

有一次，汉文帝的母亲病了，他衣不解带地守在母亲床边，寸步不离地侍奉着，一连多日都没有睡过安稳觉。他侍奉母亲吃汤药更是让人感动。每次母亲吃汤药前，他都要亲自尝一尝汤药烫不烫、苦不苦，生怕汤药烫伤了母亲，尝尝汤药苦不苦是想和母亲一起分担吃药的苦楚。

人常说："久病床前无孝子。"汉文帝用他的实际行动向天下人证明，孝亲的事没有时间长短，只有尽心尽力。汉文帝事无巨细地侍奉母亲达三年之久，天下百姓纷纷效仿皇帝的孝行，天下一片祥和的气氛。汉文帝亲尝汤药、侍亲至孝的故事也在历史上成为美谈。

在我国历史上，像汉文帝这样尽心孝亲的皇帝还有一位，他就是开创了"康乾盛世"的康熙皇帝。康熙皇

思考 ?

对比古人，想想你做过哪些孝亲的事情？你还会做些什么让家庭更和谐？

帝和祖母昭圣太皇太后的感情最深，他一生敬重自己的祖母，祖母陪伴他走过了帝王路，也和他一同见证了皇室的腥风血雨。

无论怎样敬重和爱戴，再深的情分都有别离的时候。康熙皇帝在祖母临终前的日子里，直接将床铺设在祖母的房间。他时时刻刻陪伴着祖母，并吩咐大臣们，如果没有万分紧急的事，不要打搅他和祖母共度最后的时光。

昭圣太皇太后对孙子的这份孝亲之心非常感动。她欣慰地拍着康熙皇帝的背说："愿天下人，后世的所有人都像你一样孝顺，那么天下就太平无事啦！"

不止皇帝如此尽心地孝顺自己的长辈，民间的普通百姓也一样在历史上谱写了孝亲的经典事迹。南齐高土庾黔娄、楚国隐士老莱子就是这样的人。成语"老莱娱亲"就来源于隐士老莱子孝亲的故事，用来形容孝子尽心竭力地想办法让年事已高的父母欢乐开心。

案例引申

在家庭生活中，讲究礼仪是十分重要的。作为社会的一个基本构成单位，家庭是在潜移默化中保存和传递社会文化的重要力量。"一家仁，一国兴仁；一家让，一国兴让。"社会的伦理道德、风俗习惯等都是通过家庭内化为社会成员的行为规范，从而产生社会效应的。家庭本身也发挥着维护社会秩序的重要功能，而家庭的稳定和谐离不开家庭成员对礼仪规范的遵守。

4.1 行孝及时

学"礼"

家庭礼仪是人们在长期的家庭生活中，因沟通思想、交流信息、联络感情而逐渐形成的行为准则和礼节、仪式的总称。"家和万事兴"中的"和"就是相互尊重、亲善、谦恭有礼的意思。家庭礼仪在社会生活中发挥着重要的作用，是维持家庭延续和实现家庭幸福的基础。家庭礼仪既能促进家庭成员之间的和谐，也有助于社会的安定和国家的发展。

4.1.1 孝亲礼仪

为人子女，一是要从严要求自己，为将来胜任繁复的赡养义务打下良好的基础；二是要拥有积极向上、豁达的人生观，用高标准要求自己、培养自己，让父母放心；三是成年后无论是否与父母同住，都要承担起让父母安度晚年的责任。

一、尊重理解父母

（1）听从父母的教诲。孝敬父母，就应该听从父母的正确教诲，不应随便顶撞父母，有不同的想法可以和父母商量，学会讲道理。

（2）分担父母的忧虑。孝心是一种前进的动力。孝敬父母，就应该严格要求自身，体谅父母的艰辛，尽可能少让父母为自己操心，不给父母添麻烦，并学会为父母分忧解难。在父母生病或有困难时，子女应尽力去关心照顾父母、协助父母。子女需刻苦学习，努力求知，让父母少为自己的学业担心；应照顾好自己，离家外出时及时向父母说明情况，注意安全。有孝心的子女，懂礼貌，责己严，能为父母分忧解难。

（3）体谅父母。子女应该宽厚待人，包括宽厚对待自己的父母。当受到父母的错怪时，或自己的要求被父母否定、拒绝时，子女应该冷静地想一想，理解父母，体谅父母。当受到父母的惩罚时，子女首先应端正态度，要想明白自己的过错，诚恳地承认错误。顶撞、争辩、赌气、使性子都是不明智的做法。此外，子女要明白，管教子女是每个父母的责任，他们都希望自己的孩子健康成长，尽量不要有错误、过失。受到父母的错怪时，子女应该耐心听完父母所说的话，不要认为自己没错就顶撞父母，要心平气和地解释说明，当父母了解了真相后，矛盾自然就化解了。

二、孝敬体贴父母

（1）主动关心问候父母。子女要主动问候父母，表达对父母的尊重、关心和体贴。早上要向父母问好，晚上要向父母问安，父母外出或下班时也要对其表示问候。父母工作劳累之余，如果能得到子女充满爱心、关怀的问候，那么所有疲惫、烦恼甚至病痛，都会在子女春风一般的亲情关怀中消减。过节时，子女应向父母问候祝福。子女平时走进父母房间前要先敲门，经允许后进入；不得随意翻动父母的私人物品；外出或回到家要向父母打招呼；出门需告知父母自己的去向，回家需面见父母；父母召唤，应立即答应并趋前承命。

（2）关心父母的健康。当父母劳累时，子女应主动帮助或请父母休息一下；当父母外出时，子女应提醒父母是否遗忘东西或注意天气变化；当父母生病时，子女应主动照护，煎药、喂药、嘘寒问暖，多说宽慰话并陪同就医。子女要理解父母的心情，给父母更多的体贴和关心。父母生病后都有求助心理，特别渴望子女能为自己提供种种方便，从心理上得到安慰和满足。但父母得到子女的照顾、体贴后，看子女被自己所"拖累"，内心深处又会感到不安和痛苦，存在矛盾心理。因此子女要更主动关心、体贴父母的病痛，在讲话的态度、语调、方式上均要比平时更为亲切和蔼，尽可能在精神上消除父母的痛苦和不安。子女要承担力所能及的家务劳动，合理安排好学习、娱乐等各项活动，始终保持良好的心理状态。当父母因病痛而情绪不佳时，子女要格外小心谨慎，切忌因为父母某些不恰当的话语或举动就与他们发生争执，要理解他们的烦躁心情。当父母需要人长期照顾时，子女更需事事处处表现出耐心，用行动消除父母的顾虑。

（3）参与家务劳动。父母养育了子女，子女应为父母多做点儿事。这是每个子女都应该做的。子女应承担需要独立完成的家务劳动，包括吃饭前摆筷子，餐后洗碗、扫地，整理自己的房间，打扫家里的卫生，替父母接待客人等。因为子女也是家庭的一分子，所以家中的事情也是子女的事情，子女要主动分担家务劳动，不仅"自己的事情自己干"，还要"家里的事情主动干"。

（4）牢记父母的生日。对每个人来说，生日都是值得纪念的日子，人们总会以某种形式庆贺。子女不记得父母的生日，不一定就是没有孝心，大多是因为太粗心。子女要知道，记住父母的生日并以某种形式表达孝心，对于父母来说是非常重要的。父母生儿育女，操劳一世，总是希望能得到感情上的安慰，得到子女的体贴与关怀。孝敬父母并不只是体现在给父母钱物或请父母吃饭上，而是应给予父母一种细腻的情感关怀，一种无微不至的关爱。子女应该把父母记在心里，在父母生日之际，即使在遥远的地方，一个电话、一声问候，对父母来说也会是无比欣慰的。

4.1.2 古代的尊老礼仪

古代中国，尊敬与崇尚老人并不是只停留在思想观念或说教上，而是从帝王到普通百姓都身体力行，并且国家专门为此制定了一套养老的礼仪制度。《礼记》记载，养老的礼制大约要上溯到虞、夏、殷三代。

关于"养"，我们通常把它理解为赡养、奉养，但古代养老之礼所讲的"养"，并不仅是日常生活中的侍奉侍养，它还成为一种礼仪。例如，"养老于学"不能理解为把老人集中起来奉养在学校里，而指一年开展几次的养老礼仪一般是在学校举行的。

养老之礼因为受到当时等级制度的影响，也分为不同的等级。五十岁以上的老人，其养老之礼只能在乡之小学里举行；六十岁以上者则在国之小学里举行；而七十岁以上的老者，其养老之礼就可在太学，即国家的大学里举行。这就是古人所说的"五十养于乡，六十养于国，七十养于学"。除了上述一年为数几次的养老之礼的隆重举行，古时对有爵有功的老臣还实行"赐杖"的礼制。"杖"指手杖。君王常对有功、有德、有爵的七十岁以上的老人赐以手杖，或称王杖，以示优待礼遇。

《礼记·王制》说："五十杖于家，六十杖于乡，七十杖于国，八十杖于朝；九十者，天子欲问有焉，则就其室，以珍从。"这句话的大致意思是，五十岁以上的老人可由家人敬送手杖，六十岁以上的老人可由乡里敬送手杖，七十岁以上的老人由朝廷颁发手杖，而八十岁以上的老人则由天子亲赐手杖；对于九十岁以上的老人，天子就要携珍品前往其家中问候了。

年龄不同的老人，则由级别不同的官府颁发手杖。手杖虽小，但体现着一种礼遇与荣耀。老人年龄越大，所享受的待遇就越高。

在这里还要提及的是，某些朝代还会向老年女性赠送手杖。在男尊女卑的封建社会，女性无论在家里还是在社会上，都是没有地位的，单对老年女性另眼相看，享受同老年男性一样的待遇，这在当时社会是非常难得的。由此也可看出古人对"尚老"的重视。

中国古代的尊老之礼还表现在朝廷对老人的重用上。中国封建社会的政治制度中，有关于老人致仕的明确规定。《礼记》说："七十曰老而传。"意思是人到七十已经衰老了，应当还禄位于君王，把职权传交给年轻之人。但事实上，朝廷官员大多数是七老八十的老人。周宣王时，贤臣方叔年龄很大了，但以元老的资格留处职位。西汉时期，有一个名为赵充国的大将军年逾七十，本该是离官退禄的年纪，但因为他"明乎典故"并且有非常高的德行，因此君王"许其縶维"，仍让他掌握管理大权。

对老人的尊崇及对其重用挽留，固然有部分原因是年老之人通古知今，有丰富经验及智慧，对君王的统治管理具有政治价值，但也体现出对年老之人的照顾与回报。历史上有记载称，北魏孝明帝曾专门对此下诏书说："今庶寮之中，或年迫悬车，循礼宜退。但少收其力，老弃其身，言念勤旧，眷然未忍。"此诏书表达了朝廷对老人所流露的无限顾眷之情。

人年纪大了，按照规定应该退身归家，但为君王、为朝廷、为国家贡献了一辈子，有功劳也有苦劳，如果老了不能再如少壮时贡献力量，便被遗弃，确不应该也于心不忍。因此，"或戴白在朝，未当外任；或停私历纪，甫受考级；如此之徒，虽满七十，听其莅民，以终常限。或新解郡县，或外佐始停，已满七十，方求更叙者，吏部可依令不奏。其有高名俊德、老成髦士、灼然显达、为时所知者，不拘斯例。若才非秀异，见在朝官，依令合解者，可给本官半禄，以终其身。使辞朝之叟，不恨归于闾巷矣。"

那些德高望重的有名老人，当然更容易受到君主的尊敬和重用，但是对普通的老年官员，君主也会给其较为妥当的安排。"戴白""甫受考级"都是古代对老人的尊敬别称。这样一些人虽然年龄大了，但如果他们愿意继续出力，也应"听其莅民"。"莅"，掌；"莅民"，即掌民之事。有官位但才能平庸的人也可设法在适当位置安一官半禄，以使辞去朝廷官职的年迈官员不致空寂，而不情愿归于闾巷。（注："闾巷"泛指民间乡里。）

📝 **测一测** .... **你的家庭幸福指数**

1. 你正与朋友通电话，妈妈希望你不要讲得太久，你就（　　）。

    A. 不耐烦地大声吼"知道了！"

    B. 放下电话，但心里"真烦人"

    C. 尽快放下电话，说"对不起"

2. 父母下班回家，你会（　　　）。

  A. 视而不见

  B. 懒洋洋地打声招呼，或大叫："吃什么呀，我饿了！"

  C. 主动打招呼，并做一些力所能及的事

3. 父母在你心中的印象是（　　　）。

  A. 唠叨不断，思想落伍

  B. 勉强跟得上形势

  C. 有作为，有能力，为他们骄傲

4. 你的家庭成员之间的关系是（　　　）。

  A. 有了心事懒得跟家里人说

  B. 有代沟，沟通有障碍

  C. 平等民主，互相鼓励

5. 父母发脾气，或错怪你时，你会（　　　）。

  A. 顶嘴

  B. 躲在自己屋子里，懒得解释

  C. 劝慰父母

测评分析参考

如果你选A最多，说明你的家庭关系紧张，幸福感低，需尽快改善家庭关系；如果你选B最多，说明你与父母关系一般，要进一步加强沟通；如果你选C最多，说明你和父母关系融洽，家庭幸福。

4.2 兄友弟恭

学"礼"

在一个家庭中，兄弟姐妹之间的礼仪是家庭幸福和睦的重要内容。礼待兄长，呵护弟妹是一种美德，也是一种修养。弟妹对待兄长要尊重，兄长对待弟妹要照顾。

4.2.1 手足礼

为进一步优化生育政策，我国实施一对夫妻可以生育3个子女政策及配套支持措施，每个家庭可以生育2～3个孩子，有些家庭还有堂兄弟姐妹、表兄弟姐妹，各兄弟姐妹的相处也应遵循手足礼仪，要相互尊重、关心、谅解、帮助、谦让，长爱幼，幼尊长，彼此爱护，情同手足，共同创造温馨祥和的家庭氛围。家庭能否愉快和幸福，兄弟姐妹的和睦相处起着重要作用。在现实生活中，兄弟姐妹朝夕相处，要经常问候，及时表达关心，如，问候早安，道声晚安；天气转凉，相互注意提醒添衣保暖等。不能见面时还可以多通电话，以示问候和关心。在各个节日、兄弟姐妹生日或家庭重要的纪念日时，为兄弟姐妹送上表达心意的小礼物。在兄弟姐妹生病或遇到困难的时候，主动陪伴照顾，积极帮助其解决困难。

4.2.2 守悌礼

弟弟妹妹尊重哥哥姐姐就是守悌。弟弟妹妹不能有优越感，更不能骄蛮无理，干什么事都不把哥哥姐姐放在眼里，不为他人着想。弟弟妹妹与哥哥姐姐发生争执时，不要随意到父母面前去"告状"，以免加深兄弟姐妹间的隔阂。

弟弟妹妹称呼哥哥姐姐时要有礼貌，称呼自己的哥哥姐姐、堂（表）兄、堂（表）姐时，不应直呼其姓名或小名，也不能起外号。如果在场的兄弟姐妹较多，称呼时可能不知在叫谁，可在称谓前加上他（她）的名字，如俊祥哥哥、惠珍姐姐等。

4.2.3 谦让礼

哥哥姐姐要时时以身作则，谦让弟弟妹妹，努力成为父母的得力助手；遇事要宽宏大量，不与弟弟妹妹计较，更不要以为他们比自己小就可以随意指挥他们。当弟弟妹妹求教或请求帮忙时，哥哥姐姐应耐心帮助和解答，切忌不耐烦或不屑帮忙。弟弟妹妹有错时，哥哥姐姐不要在父母或他人面前斥责他们，以免伤害他们的自尊心。兄弟姐妹要和睦，不能总在父母面前"告状"。如果哥哥姐姐与弟弟妹妹发生矛盾，必要时可以通过父母解决，不可相互争吵。

4.3 礼让邻里

学"礼"

俗话说："邻里好，赛金宝。"讲究邻里礼仪，妥善处理邻里关系，有助于建立真诚的友谊。而友好、祥和的邻里关系能给生活增添不少乐趣，使家庭生活更温馨，邻里生活更快乐，社区生活更和谐。

4.3.1 邻里礼仪

邻里礼仪有许多讲究，最基本的礼仪有以下两点。

一、礼让谦和

一栋楼或一个院子里住着各种各样的人。但不论从事什么工作、职位高低，每个人在人格上和法律面前都是平等的。因此，大家应彼此尊重，见面时互相问候，或至少应点头致意。邻里之间同居一处，容易了解各家的生活习性，但不应背后议论、猜疑；不应打听邻居的私事，捕风捉影，搬弄是非，以免邻里之间产生矛盾和纠纷。

二、守望相助

在公共场地，大家不能随便吐痰或乱扔废弃物，并应主动清扫。向邻居借用东西要有礼貌，要轻轻敲门，等主人开门后用请求商量的口气说明来意；归还东西时要表示谢意。借来的邻居家的东西要小心使用，十分爱惜，不要弄坏弄丢。如果不慎损坏借用的东西，要主动赔偿并赔礼道歉。如果邻居不要求赔偿，除了当面赔礼道歉外，最好以别的方式弥补邻居的损失。借用的东西使用完之后应尽快送还，不要忘还，更不能让邻居来讨要。如果需延长借用的时间，应向邻居说明，经同意后再继续使用。最好不向邻居借较贵重的东西。

4.3.2 立人先修己

每一家都有自己的邻居，每一家又都是别人的邻居。邻里交往有两大特点：一是常见面，二是生活琐事多。这就决定了邻里之间要常常注意避免发生无原则的矛盾。在和邻居相处的过程中，我们要时刻注意自己的言行是否有礼有节，是否照顾到他人的感受，尤其要注意以下5点。

一、切忌以邻为壑

有些人在邻里生活中总怕邻居沾了自己的光，反过来自己却总想找机会沾别人的光，甚至明里暗里做些损害邻居利益的事。这在邻里交往中是最忌讳的，其结果只可能是让邻居们孤立自己。

二、切忌"各扫门前雪"

邻里交往中，持这种态度的人不在少数，以为邻居间避免矛盾的办法就是相互少掺和，自家管自家最好，少数人家甚至发展为"老死不相往来"。事实上，邻里之间自顾自的做法绝不是上策。俗话说"远亲不如近邻"，谁能保证自己在日常生活中不发生需要别人帮助的事情呢？到那时候，好邻居的作用可大呢。现在很多社区、小区都设有业主、物业微信群，同一社区、小区的居民们可以通过微信群商讨、解决集体问题，积极提供资源、信息，帮助遇到困难、麻烦的居民等，这都体现了新时代的友好邻里关系。

三、切忌说长道短，拨弄是非

邻里交往时所谈多是家常琐事，稍不注意，就会扯到邻居的是非上来，这是邻里团结的一个大威胁。当然，如果是为了解决问题，大家谈一谈，共同想办法促进邻里团结是正常的。如果只是挖苦、嘲讽、攻击别人，有意挑拨邻里关系，这绝不是应有的态度。

四、切忌无端猜疑

有时候，邻里纠纷并不是有人挑拨产生的，而是纠纷的一方无端猜疑导致的。一家人也免不了有思想上的分歧，邻里间要做到完全消除戒备，没有任何疑心，恐怕也是不现实的。关键在于，是合理猜想还是无端猜疑。前者多是理智考虑，后者则多是感情用事。无端猜疑容易使邻居之间产生误会，给邻里关系造成不利影响。

五、切忌自以为"常有理"

邻里交往中发生矛盾，我们应多做自我批评，邻居间有些关于孩子的矛盾，有些家长总是偏袒自己的孩子，这可能会恶化了邻里关系。所以，邻里交往中自以为"常有理"实际上是很不明智的。

4.3.3 邻里互谅互让

一、互谅互让

我们不能打扰左邻右舍，早出晚归时进出居室要保持安静，不要大声喧哗和说笑；使用音响设备要掌握音量，尊重体谅邻居的生活习惯。日常生活中，对邻居家的老人和小孩要给以尊重和照顾。特别是孤寡老人，当他们行动不便或遇到困难时，我们要及时帮扶。如果在楼道里或窄小的地方遇到长者，我们要主动让路，请长者先走；遇到老人，应上前搀扶。见到邻居搬提重物，我们要主动让路，不能抢上抢下或挤上挤下，还应主动询问其是否需要帮助。

二、互相关照

生活在一个共同的空间之中，大家应讲究社会公德，注意维护环境卫生，合理使用院内天井、楼道空间。公用电灯坏了，及时买新电灯换上；楼梯脏了，及时打扫干净；有物业管理的，可主动与物业联系，请物业及时处理。娱乐时，我们要为邻居着想。例如，不要在隔壁邻居午休时在墙上敲敲打打；晚上听歌曲或唱歌时，不要把音响的声音开得太大，以免影响邻居的生活和休息等。

邻里之间要相互关照，有事互相帮忙，不要以邻为壑或"老死不相往来"。当邻居家发生矛盾时，我们不能袖手旁观，更不能火上浇油，而应当酌情劝架，积极做调解工作。

📚 本章小结

本章讲授的是家庭邻里交往礼仪，它是每个公民在日常生活中应该遵循的行为准则，涵盖父母与子女、兄弟姐妹、邻里之间的关系。家庭生活与社会生活有着紧密的联系，正确对待和处理家庭问题，共同培养和发展亲情、邻里友情，不仅有利于家庭的美满幸福，也有利于社会的安定和谐。

第一节讲授的是行孝及时，具体涉及孝亲礼仪、二十四孝、古代的尊老礼仪。

第二节讲授的是兄友弟恭，具体包含守悌礼、谦让礼。

第三节讲授的是礼让邻里，具体涉及邻里礼仪、立人先修己、邻里互谅互让。

通过对本章的学习，读者可以了解孝亲礼仪的要求和行为规范，树立谦恭有礼的事亲敬老观念；了解手足礼的要求和行为规范，树立兄友弟恭的相处观念；了解邻里礼仪的要求和行为规范，树立邻里之间相互礼让、相互帮助的相处观念。

延伸阅读

古代的尊老

《礼记·王制》："有虞氏养国老于上庠，养庶老于下庠。夏后氏养国老于东序，养庶老于西序。殷人养国老于右学，养庶老于左学。周人养国老于东郊，养庶老于虞庠，虞庠在国之西郊。"

所谓"国老"，就是指退休的公卿大夫或者享有爵位的老人。"庶老"出现在唐代杜佑的《通典》中，杜佑把"养老"的对象分为四种：一是养"三老五更"；二是子孙为国而死，养死者父祖；三是养致仕之老；四是养庶老之老。其中"三老五更"的一种解释是"三老"指国老，"更"当为叟；之所以名"三""五"，据说是取于三辰五星的吉祥寓意。另一种解释是，"三老"是指"老人知天地人事者"，"五更"则是指"老人知五行更代事者"。而"致仕之老"指离退官位的老人。这四个种类实际上分为"国老"之养与"庶老"之养两个等级。

《礼记》中对学校举行的养老礼仪的过程做过详细记载。天刚亮，国学里敲鼓以征召学士，提醒大家快集合。大家集合完毕后，就迎来天子的视察。教官开始行事。首先举行祭礼，祭祀先师先圣，然后举行养老之礼。天子到达东序，向去世的"三老五更"行祭奠之礼，然后布置在世的"三老五更"及庶老们的席位，视察肴馔，省察酒醴及养老珍馐之具。奏乐开始，天子退而酌酒，以献诸老。这就是天子所行的孝养之道。

敬献过后，所有老人返回自己的座位上，之后以诗歌之类的形式在堂上演唱。歌毕，与诸老谈理说道，以成就天子养老之礼。论说的都是君臣、父子、长幼的道理，同演唱的诗歌中所咏的文王道德之音相合，达到了德的极致。这是养老之礼中最重要的部分。

上述过程生动地展示了养老礼仪在古代的盛大隆重。之所以要把如此隆重的礼仪放在学校举行，一方面是因为学校是当时唯一可以集合众民的场合，另一方面是因为统治者想借养老礼仪的操演实现对百官百姓，尤其是学士后生的敬老教育。这一点在古代类书中也有如此解释："王者之养老，所以教天下之孝也。而必于学者，学，所以明人伦也。人伦莫先于孝悌。人君致孝悌于其亲长，下之人无由以见也，故于学校之中行养老之礼，使（庶民）得于听闻观感。一礼之行，所费者饮食之微，而所致者治效之大也。"

<hr>

课堂练习

练习一：单选题

1. "百里负米"讲的是关于（　　　）的故事。

    A. 子舆　　　　　　B. 子骞　　　　　　C. 子路　　　　　　D. 子婴

2. 古时"赐杖"的礼制是君王常对有功、有德、有爵的（　　　）以上的老人赐以手杖，或称王杖，以示优待礼遇。

    A. 五十岁　　　　　B. 六十岁　　　　　C. 七十岁　　　　　D. 八十岁

3. 邻里之间应该（　　　）。

    A. 以邻为壑　　　　B. 无端猜疑　　　　C. 说长道短　　　　D. 互谅互让

4. 弟弟妹妹（　　　）哥哥姐姐就是守悌。

    A. 讨好　　　　　　B. 尊重　　　　　　C. 对抗　　　　　　D. 听命

5. 哥哥姐姐要时时以身作则，（　　　）弟弟妹妹，努力成为父母的得力助手。

    A. 袒护　　　　　　B. 纵容　　　　　　C. 命令　　　　　　D. 谦让

6. "孝悌皆天性，人间六岁儿"说的是（　　　）的故事。

    A. 怀橘遗亲　　　　　　　　　　　B. 啮指痛心

    C. 扇枕温衾　　　　　　　　　　　D. 拾葚异器

练习二：讨论与分享

请谈谈你对以下发生在邻里之间的事例的看法。

1. 几个年轻人合租一套房子。他们都养成了晚上不睡、早晨不起的习惯，每天晚上过了12点，流行音乐还在轰轰直响。楼下的邻居每天被这些音乐弄得头痛欲裂，向他们提了几次意见，音乐倒是小了，可是几个人经常穿着硬底鞋一趟趟在屋里走动，直到凌晨才消停下来，楼下的邻居每天都为此苦恼不已。

2. 有一栋居民楼是单位宿舍，里面住的都是同事，有总经理，有部门主管，也有普通的工作人员。总经理的太太已经退休在家，她总觉得自己是楼里的"长者"和"长官"，谁家都得让她三分。例如她喜欢安静，谁家孩子在楼道里玩耍吵闹，她就要批评这家的家长；谁家装修，她说自己每天午休要到下午3点，所以装修工人只能3点才开始干活。时间长了，其他居民对她的怨气都不少。

3. 有两家邻居，住了几年彼此都不认识。有一天，其中一家的小孩出门碰上邻居，见面就叫"阿姨好"，对方愣了一下，也随口说"你好"，然后与大人打招呼。之后，小孩只要见了邻居家的人，都会叔叔阿姨叫个不停，两家大人终于开始熟识起来，见面也亲切自然多了。

练习三：案例分析

丰子恺教子

丰子恺，中国现代漫画家、翻译家、文学家、美术教育家、音乐教育家，浙江省崇德县石门湾（今桐乡石门镇）人。在平时生活中，丰子恺经常给孩子们讲对人要有礼貌，还非常具体细致地说："礼仪，就是待人接物的具体礼节和仪式。"

丰子恺是名人，家里经常有客人来访。每逢家里有客人来，丰子恺总是耐心地对孩子们说："客人来了，要热情招待，主动给客人倒茶、添饭，而且一定要双手捧上，不能用一只手。如果用一只手给客人端茶、送饭，就好像是皇上给臣子赏赐，或是像对乞丐布施，又好像是父母给小孩子递水、递饭，这是非常不恭敬的。"丰子恺还说："要是客人送你们什么礼物，你们可以收下，但在接的时候，要躬身双手去接。躬身，表示谢意；双手，表示敬意。"这些教导，都深深地印在孩子们的心里。

有一次，丰子恺在一家菜馆里宴请一位远道而来的朋友，把几个十多岁的孩子也带去作陪。孩子们在吃饭时，还算有礼貌，守规矩。当孩子们吃完饭，他们之中就有人嘟嚷着想先回家。丰子恺听到了，没有大声制止他们，而是悄悄告诉他们不能急着回家。事后，丰子恺对孩子们说："我们家请客，我们全家人是主人，你们几个小孩子也是主人。主人比客人先走，那是对客人不尊敬，就好像嫌客人吃得多，这很不好。"孩子们听了，都很懂事地点头。

丰子恺的孩子丰陈宝小时候很守规矩，但特别害怕见陌生人。因此，在客人面前，丰陈宝常常显得不大懂礼貌。丰子恺觉得，小陈宝之所以这样，恐怕是因为他平时很少接触陌生人，缺乏见识和这方面的锻炼。于是，他就利用一些外出的机会，带着小陈宝出去见世面。一次，丰子恺到上海为开明书店做一些编辑工作，把小陈宝也带去了。那时，小陈宝十三四岁，已经能帮着抄抄写写，剪剪贴贴。带上他，一方面是为了有机会让他打下手；另一方面，也可以给他一个接触陌生人的机会。有一天，来了一位小陈宝不认识的客人。客人跟丰子恺说完话，要告辞的时候，看到了小陈宝，转过身来就与小陈宝热情地打招呼。小陈宝一下子愣住了，一时间不知道如何是好，竟没有任何反应，呆呆地站在那里，像个木头人似的。送走了客人，丰子恺责备小陈宝说："刚才，那位叔叔跟你打招呼告别，你怎么不理睬人家？人家向你问好，你也要向人家问好；人家跟你说再见，你也要跟人家说再见，以后要记住。"在丰子恺的正确教导下，他的孩子个个都懂规矩、讲礼貌，长大后成为有出息的人。

☿ | 思考 |

1. 丰子恺采取了哪些方式对子女进行教育？
2. 本案例对你有哪些启发？

和以处众，宽以待下，恕以待人，君子人也。

——林逋

有子曰："礼之用，和为贵。先王之道，斯为美，小大由之。有所不行，知和而和，不以礼节之，亦不可行也。"

——《论语·学而篇》

第5章 社会交往礼仪

★ 本章要点

1. 师学礼等校园交往礼仪。
2. 见面拜访礼等日常交往礼仪。
3. 求职礼仪。
4. 国际交往礼仪。

⏱ 学习目标

1. 了解师学礼中的礼仪要求，理解尊师、见师、拜师和事师的礼仪内容和行为规范，树立敬重师长的师学观念。
2. 理解相识以敬、相处以德、相交以诚、相知以道的礼仪要求，掌握和同学相处的文明礼仪规范，树立同学间真诚友好交往和相处的观念。
3. 了解敬学礼中向学有志、读书以敬、问学有道 3 方面的礼仪要求，认识并学会敬学礼当中向学、敬学和问学的礼仪内容和行为规范，帮助学生树立积极向上和严肃认真的学习态度。
4. 认识交往礼中往来有礼、宴饮有礼、交往有度 3 方面的礼仪要求，理解交往礼当中主客往来有道、宴饮讲礼节和交往有节制的礼仪内容和行为规范，培养礼尚往来的成人观念。

5. 理解餐饮礼中有序、有态、有度 3 方面的内容，知道餐饮礼的要求和行为规范，树立健康规律的餐饮观念。

6. 了解国际交往的流程。

7. 掌握面试流程。

8. 掌握职场礼仪和志愿者礼仪的规则。

9. 灵活运用通信礼仪。

案例导读

某市有一家外资企业招工，对员工的学历、外语水平、身高、相貌的要求都很高，同时薪酬也挺高，所以有很多高素质人才都来应聘。一些年轻人过五关斩六将，到了最后一关：总经理面试。这些年轻人想，这很简单，只不过是走走过场罢了，十拿九稳了。没想到，这一场面试出问题了。一见面，总经理说："很抱歉，年轻人，我有急事要出去 10 分钟，你们能不能等我？"年轻人说："没问题，您去吧，我们等您。"总经理走了，年轻人一个个踌躇满志，得意非凡，便围着总经理的大写字台看，只见上面文件一摞，信一摞，资料一摞。大家你看这一摞，我看这一摞，看完了还交换。10 分钟后，总经理回来了，说："面试已经结束了。"年轻人疑惑地问："没有啊？我们还在等您啊。"总经理说："我不在的这一段时间，你们的表现就是面试。很遗憾，你们没有一个人被录取。"

思考

1. 为什么总经理说他们一个都没有被录取呢？

2. 这些年轻人的行为表现出了什么？

案例引申

社会交往礼仪在当今社会的人际交往中越来越重要了，是一个人的名片，也是一个人身份、教养、品德的写照。社会交往指社会中人与人之间常规的交际往来，包含与师长、领导、同事、朋友、客户等之间的交往。我们在社会上立足，很大程度上需要凭借自己的社交能力，因此学习社会交往礼仪非常有必要。

5.1 师学礼

学"礼"

百年大计，教育为本；教育大计，教师为本。父母生育、养育我们，给了我们"身命"；老师用他一生的智慧引导我们，给了我们"慧命"（智慧的生命）。所以我们应当尊重老师，把对老师的尊重融入称师、拜师和与老师交往的细节中。作为中华民族代代相传的传统美德，"尊师重道"一说最早源自南朝范晔的《后汉书·孔僖传》，其中有云："臣闻明王圣主，莫不尊师贵道。"其实，早在西周时期，《太公家教》便有"弟子事师，敬同于父"的思想，而《礼记·学记》中也有云："凡学之道，严师为难。师严然后道尊，道尊然后民知敬学。"

5.1.1 称师礼

一、师居"五圣"之名

在中国传统文化中，老师的地位极高，"天、地、君、亲、师"合称"五圣"。

"天、地、君、亲、师"为中国儒家祭祀的对象，古人多设其牌位或条幅供奉于中堂。"五圣"为古代祭天地、祭祖、祭圣贤等民间祭祀的综合，也是传统敬天法祖、孝亲顺长、忠君爱国、尊师重教的价值取向的体现。

"天、地、君、亲、师"思想发端于《国语》，形成于《荀子》，在西汉思想界和学术界颇为流行。明代后期以来，崇奉"天、地、君、亲、师"更在民间广为流行。

二、右座为尊，敬称西席

"西席"也是对老师的尊称之一。古人席次尚右，右为宾师之位，居西而面东。家塾老师和官僚们的幕客，都称为"西宾"，又称"西席"，主人称其为"东家"。所以，古人敬称授业解惑之师为"西席"。

三、先生

先生也是对老师的尊称之一。古人认为"达者为先"，先出生的人在理论上拥有更多的学问和德行，称老师为"先生"可以表示对老师的敬重。

在现代社会，我们一般直接称呼老师，或在前面加上老师的姓氏或名称，如张老师、王老师、萌萌老师等，从而表达对老师的尊重与喜爱。另外，我们在与老师交谈的时候，需要用敬称"您"以表敬重。

5.1.2 束脩礼

束脩是初入学的学生向博士和助教赠予的酬礼。束脩礼，则是在此之上形成的入学或拜师礼仪，以此代表双方师徒关系的确立。早在孔子的时候就已经实施了，唐代将束脩之礼作为国礼之一、与释奠礼，视觉礼地位等同。在之后相当长的一段时期内，束脩礼发展为一套完事的礼仪规范，向我们传达了深刻的崇儒思想。从整个唐代教育情况看，束脩礼所传达的思想体现着唐代学礼思想的核心内容。对束脩礼的重视，是唐代国家礼仪制度构建的途径，也是士大夫群体推动儒家学说向前发展的重要表现。

孔子说："自行束脩以上，吾未尝无诲焉。"古人相见，必执赟以为礼。束脩是赟礼中的一种。脩，就是干肉，一条干肉为一脡，十脡为一束；束脩，也就是十条干肉。学生带了十条干肉去送给孔子，孔子就收下这个学生，并且认真地教诲他。束脩礼一直沿袭至明清，虽然后世人们送给老师的礼物已不尽相同，却始终把送给老师的酬劳称为束脩，又作束脩。束脩礼的含义并非一成不变，经过不断的发展，束脩礼不仅在官学中运用，在众多的私学中也广泛流传，成为尊师重道的一种表现。

下面介绍束脩礼行礼的主要内容。

一、束脩礼准备

（1）准备物品：孔子像、水果、点心、香炉、三炷香、拜师帖、茶碗、示训词。

（2）束脩六礼：肉干（谢师恩）、芹菜（寓意勤劳）、龙眼干（开窍生智）、莲子（苦心教学）、红枣（早日高中）、红豆（宏图大展）。

（3）回礼：龙眼干（象征开窍生智）、芹菜（寓意勤劳）、葱（寓意聪明）。

（4）参礼人员：

● 长者及师者；

● 赞礼（主持人）；

● 赞者（师者助手）；

● 有司（长者侍者、弟子助手）；

● 弟子。

二、束脩礼流程

赞礼到位、布置场地的同时，赞礼在舞台中心向众宾行礼。

（1）长者入席。赞礼唱："请长者入席。"长者（随从一位赞者带托盘盛束脩六礼）到舞台中心，向孔子像行正规揖礼，后向众宾行小礼。长者入座于孔子像左侧，舞台纵深侧。

（2）弟子入席。赞礼唱："请弟子入席。"弟子呈纵队一字排开至舞台中心，赞礼唱："请弟子向先师孔子行礼。"弟子向孔子像行正规揖礼，后分立两侧，呈雁翅排开。

（3）师者入席。赞礼唱："请师者入席。"师者托盘盛回礼至舞台中心，将案上三炷香插上香炉，然后向孔子像行正规揖礼。师者入座于孔子像右侧，观众侧。

（4）递拜师帖。赞礼唱："请长者呈上拜师帖。"长者将拜师帖递交给师者。师者接过拜师帖，长者向师者行礼。

（5）束脩礼。赞礼唱："请长者为师者敬上束脩之礼。"赞者随长者到师者前，将束脩递给长者。师者立，向长者行小礼，接过束脩，长者回礼。师者递给身边赞者。师者回座。

（6）拜孔。赞礼唱："请弟子向儒门先圣行大礼。"弟子正坐。"一叩首'华夏文明，德牟天地'，二叩首'先圣师道，功过古今'，三叩首'格物致知修齐治和'——起！"

（7）回礼。赞礼唱："请师者回礼。"回礼完毕后，师者归位。

（8）拜师。赞礼唱："弟子向师者行大礼。"弟子自动转向师者，前两位弟子走向师者前，自行成恭立。"一拜曰'师道尊崇立人立德'，二拜曰'传学授业教化解惑'，三拜曰'感念师恩天地为鉴'——恭立。"（注：先唱，后拜，然后起身，再唱，二拜，共三唱三拜）

（9）敬茶。赞礼唱："请弟子为师者敬茶。"两位赞者分别从两侧端茶托盘至弟子前。弟子以右手端茶，左手拂袖。（赞者后撤）弟子双手高举过头，向师者敬上。师者双手接过茶碗，端到额头，闭眼，以示敬意；后以左手托茶碗，右手持盖碗抚茶，喝茶。（赞者到位，接过师者茶碗）弟子归位。

（10）聆训。赞礼唱："弟子聆训！"赞者将示训词给师者，师者朗诵。朗诵完毕后，师者唱："请起！"弟子直身向师者行礼。

（11）礼成。赞礼唱："礼成。"全体有序退位。

5.1.3 尊师礼

在与老师交往的过程中，学生的一言一行要体现出对老师的尊敬。教育家赞可夫说："老师的劳动非常复杂，要求付出巨大的精力。"因此学生应当认真学习老师的课程，按时、认真完成作业，虚心聆听老师的教诲，这都是对老师最大的尊重。古语"请业则起，请益则起"的意思是，向老师请教书中的问题，要起身相请；请老师把不清楚的地方再讲一遍，也要起身相请。"从于先生，不越路而与人言"的意思是，跟老师一同走路，不能跑到一边去同别人讲话。

尊师重道是中华民族的传统美德，古往今来，代代相传。例如，汉明帝刘庄做太子时，博士桓荣是他的老师，后来他继位做了皇帝，"犹尊桓荣以师礼"。他曾亲自到太常府去，让桓荣坐东面，设置几杖，像当年讲学一样，聆听老师的教诲。他还将朝中百官和桓荣教过的学生数百人召到太常府，向桓荣行弟子礼。桓荣生病了，他就派人专程慰问，甚至亲自登门看望。每次探望老师，汉明帝都是进街口便下车步行前往，以表尊敬。又如，1959年，朱德在云南政治学校礼堂看戏，开演前，一位年逾古稀的老人由服务员引了进来，朱德一眼便认出，那位老人是自己早年在云南陆军讲武堂学习时的教官叶成林，便急忙起身向前，立正敬礼，礼毕又紧握老人的双手将座位让给老人，待老人坐定后，自己才坐下。

我们要清楚，尊敬老师并非是对老师言听计从，而是在行为态度上表示尊重，如见到老师要先向老师问好，路遇师长需要礼让，逢年过节给老师送上祝福等。如果有与老师不同的观点，我们可以私下以恭敬谦逊的态度向老师提出，一起探讨。

5.2 同窗礼

学"礼"

古代学习条件艰苦，就把同学称作同窗，窗有寒窗之意，说同窗更能显示出亲密感与尊重。中华传统礼仪非常重视同窗礼，主要表现在相识以敬、相处以德、相交以诚、相知以道4个方面。

5.2.1 称呼以敬

在中华传统礼仪中，同学之间一般相互称"字"而不称"名"，以表达对对方的尊敬。在大多数情况下，直呼其名被认为是一种不礼貌的行为。另外，古人称受教于同一个老师的同学为同门，以表达相互敬重之情。

在现代生活中，我们可以直接叫同学的名字，但不能随意给同学起外号、绰号；受教于同一个老师的学生之间，可称呼师兄弟或师姐妹，如果是不认识的，可直接称呼"同学"。

三国时期有这样一个故事。许攸，字子远，三国时期南阳人，是曹操最重要的谋士之一，也是曹操幼年的同学。许攸为人聪明，足智多谋，他出计帮曹操以少胜多，打败袁绍，赢得了官渡之战。后来，许攸又出计帮曹操攻破邺城，占领冀州。此后，许攸自恃功高，以致得意忘形，又觉得自己与曹操是同学，常对曹操口出戏言，直呼曹操的小名，甚至在公开场合也不知收敛。在一次聚会上，许攸自豪地对曹操说："阿瞒，没有我，你就得不到冀州。"曹操表面上虽然没事，心里却十分生气。还有一次，许攸率侍从出邺城东门，他又对手下人炫耀说："你们知道吗？曹家没有我，大概也不能出入此门。"终于，曹操忍无可忍，下令把许攸杀了。古人的小名是长辈叫的，许攸自认为是曹操的同学，并且居功自大，不分场合以曹操的小名"阿瞒"戏称他，引起曹操不满，酿成大祸。

5.2.2 诚信立身

荀子说："君子养心，莫善于诚。"这句话的意思是君子要想增加修养，端正内心，没有比诚信更重要的了。诚信是中华民族的传统美德，也是人与人之间交往的重要原则。

一、待人真诚

在社会交往中，同学之间、亲友之间、同事之间、事业伙伴之间，都要用心交往，不虚伪，真心为别人考虑。

二、言而有信

古人强调"交游称其信也"，这句话的意思是交朋友依靠的就是诚信。诚信是人与人建立信任关系的重要基础，也是一个人有责任感、正直真诚的表现。

三、诚实以待己

诚实地面对自己，尤其是诚实地面对自己的错误，在人与人之间的交往中也非常重要。如果同学之间发生争执，我们需要先从自身找原因，不可一味地将责任推给别人。宋代文学家苏东坡是翰林院学士，人们都称他为苏学士。苏东坡才华横溢，不仅文章写得好，诗词也作得好。但知识再丰富的人也不可能知天下事，所以他有时候也难免出差错。有一天，苏东坡拜见当朝宰相王安石。相府仆人把他领进王安石的书房，说是宰相大人外出办事，马上回来，请苏学士用茶稍候。等了一会儿，主人还不回来，苏东坡便信步走到书桌旁，见桌上摊着一首咏菊诗。这首诗没有写完，只写了两句："昨夜西风过园林，吹落黄花满地金。"苏东坡看了，心里不由暗暗好笑起来："西风"明明是秋风，"黄花"就是菊花，而菊花从来就敢于顶风傲霜，最能耐寒耐冻，说西风"吹落黄花满地金"，岂不是大错特错了？想到这里，苏东坡诗兴大发，不能克制，就提笔蘸墨，续写了两句："秋花不比春花落，说与诗人仔细吟。"苏东坡搁下毛笔，又待了一会儿，见主人还不回来，便起身告辞了。再说王安石回家后，到书房看见苏东坡写下的那两句诗，只是摇了摇头，并不与苏东坡计较。后来苏东坡被贬到黄州当团练副使。苏东坡在黄州住了将近一年。到了九九重阳，连连刮了几日大风。一天，风停歇后，苏东坡邀请了几个好友到郊外赏菊。只见菊园中落英缤纷，满地铺金，一派西风萧瑟的景象。这时，苏东坡猛然想起了给王安石续诗的事情来，不禁目瞪口呆，半晌说不出话来。他恍然意识到自己过去闹了笑话，连忙提笔给王安石写信认错。

5.2.3 知心交友

"人之相知，贵在知心。"知心是交友的最高境界。"人生难得一知己，千古知音最难觅。"这种人生际遇是可遇不可求的。相逢莫过于相识，相识莫过于相知。唐代诗人白居易就曾感叹："平生知心者，屈指能有几。"因此我们需要真诚对待朋友，珍惜知心朋友。俞伯牙喜欢弹奏《高山流水》，却没有人能够听懂，他在高山上抚琴，曲高而和寡。终于有一天，有一个砍柴的樵夫经过，听懂了他的《高山流水》，这个人就是钟子期。俞伯牙的知音是钟子期，两人约定待俞伯牙周游山水后去钟子期家拜访，但要去之时俞伯牙才知道，钟子期已经病死了，不可能再赴他的约定。俞伯牙悲痛欲绝。他知道钟子期是唯一能够听懂他音乐的人，如今钟子期已死，再不会有人听懂他的音乐了，于是他在钟子期的坟头摔了心爱的琴，表示他对知音的敬重和珍惜。这就是"伯牙摔琴谢知音"的故事，伯牙痛心疾首怀念子期，人们借此感叹知音难觅。

李白与杜甫齐名，号称李杜，二人的诗篇代表了唐诗的最高成就。李白、杜甫的交情也尤为深厚，二人中年时在洛阳相见，结为知交，此后长期分别几乎没有机会重逢，但两人的友情却历久弥珍。杜甫怀念亲友的诗中，以怀念李白的最为突出。从与李白分别直到晚年，杜甫写下了不少追念或谈到李白的诗，表现了他对李白的推崇和情谊，字里行间充满作为知己对李白最深的理解和认知。杜甫在诗中说"白也诗无敌，飘然思不群""昔年有狂客，尔号谪仙人。笔落惊风雨，诗成泣鬼神"，这样字字千钧的评价、成为文学史上对李白诗风的定论。唐肃宗年间，李白被流放夜郎。期间，杜甫对李白的生死存亡魂萦梦系，写下两首《梦李白》，流传千古。这两首诗完全是深切思念和默契友情凝结而成的，被誉为"笔笔神来"，具有极高的文学价值，同时也将李杜的友情深深印在了后世文人的心中，赢得了"千秋万岁名"。

5.3 敬学礼

学"礼" 敬学就是对学习这件事非常重视，有恭敬之心。学习对于一个人、一个民族、一个国家，都是极其重要的。作家王蒙说："一个人的实力绝大部分来自学习。本领需要学习，机智与灵活反应也需要学习，健康的身心同样是学习的结果，学习可以增智、可以解惑、可以辨是非。""立身以立学为先"，文学家欧阳修早在北宋年间就提出这样的观点，表示修养品行要从学习开始。

5.3.1 刻苦读书

读书是每个人生命中很重要的事情，只有多读书、刻苦学习，才能丰富自己的见识，获得更强的能力，为自己创造一个美好的未来，服务于社会，实现个人价值。

东晋祖逖是个胸怀坦荡、具有远大抱负的人，可他小时候却是个不爱读书的淘气孩子。进入青年时代，他意识到自己知识贫乏，深感不读书无以报效国家，于是就发奋读起书来。他广泛阅读书籍，认真学习历史，从中汲取了丰富的知识，学问大有长进。他曾几次进出京都洛阳，接触他的人都说祖逖是个能辅佐帝王治理国家的人才。24岁的时候，曾有人推荐祖逖去做官，他没有答应，仍然不懈地努力读书。

后来，祖逖和幼时的好友刘琨一同担任司州主簿。他与刘琨感情深厚，不仅常常同床而卧、同被而眠，而且有着共同的远大理想——建功立业，复兴晋国，成为国家的栋梁之才。

一次，祖逖在睡梦中听到公鸡的鸣叫声，他一脚把刘琨踢醒，对他说："咱们干脆以后听见鸡叫就起床练剑如何？"刘琨欣然同意。于是他们每天鸡叫后就起床练剑，剑光飞舞，剑声铿锵，冬去春来，寒来暑往，从不间断。功夫不负有心人，经过长期的刻苦学习和训练，他们终于成为能文能武的全才，既写得一手好文章，又能带兵打胜仗。后来，祖逖被封为镇西将军，实现了他报效国家的愿望；刘琨做了征北中郎将，兼管并、冀、幽三州的军事，也充分发挥了他的文经武略。

5.3.2 读书礼仪

读书就应当有读书的礼仪：态度端正，行为端正，心口一致。

一、态度端正

读书是一件严肃的事情，学生一定要有端正的态度，认真对待它。在古代，学生入学要穿上正式的"青衿服"，表示尊师重道，杜绝随意散漫。

读书时，学生更要做到精益求精，扎实、细致地打好基础，不放过疑点和难点。

📝 **测一测** ⋯⋯⋯⋯⋯⋯⋯⋯⋯⋯⋯⋯⋯⋯ 你知道戒尺是用来干什么的吗？

在古代私塾教学中，老师通常手持戒尺进行教学，甚至在近代，也有许多老师持戒尺上课。但是，现在学校里面已经见不到戒尺了，有人认为戒尺是用来体罚学生的，不应该存在。但同时又有另外一种声音，表示戒尺对教育孩子还是有效果的。那么，戒尺的由来如何，其意义到底是什么呢？戒尺的由来有一个故事。相传在明初，朱元璋大败陈友谅，取得了江山。之后其为四子取名朱棣，这位皇子从小调皮捣蛋，不服管教，许多教他的老师都被他给赶走了。后面请来徐善述做他的老师，这位老师比较睿智，为了让朱棣能够认真念书，便头顶着书跪在朱棣面前。朱棣看到老师竟然如此对待自己，非常感动，于是好好读书。可是，这一幕竟然被朱元璋看到了，朱元璋勃然大怒，将老师扶起来，赐给老师一把戒尺，并告诉他此尺如朕亲临，如果皇子不听话就用戒尺打其手掌。之后，朱棣就非常努力地学习。

二、行为端正

读书时，学生需恭敬，坐有坐相，站有站相。上课听讲时，学生要端正坐姿，不可趴在桌上，倚靠在椅子上或低头做其他事情。我们常说"相由心生"，行为就是内心的写照，因此对待读书，我们也需要有礼有敬，如爱护书籍，读书时"净手洁案"，作业笔迹工整等。

三、心口一致

读书有三到，谓心到、眼到、口到。"心不在此，则眼不看仔细，心眼既不专一，却只漫浪诵读，决不能记，记亦不能久也。三到之中，心到最急。"

读书的时候如果心思不在，那么眼睛就不会仔细看，只是随便读读，这样肯定记不住，就算记住也记不长久。所以做到"心到"，眼和口就到了。

5.3.3 虚心问学

虚心善问在学习中非常重要。俗话说："三人行，必有我师焉。"只要是有值得我们学习的，我们就可向其他人虚心求教。《尚书》记载"好问则裕"，意为遇到疑难就向别人请教，学识就会渊博。向别人发问时，需要注意问的方式和礼仪。

发问的礼仪主要有以下3点。

（1）明确自己的疑问，清楚地表达自己的疑问。

（2）保持虚心谦逊的态度。

（3）认真聆听，并表示感谢。

华佗问学的故事值得我们学习。一次，华佗给一个年轻人看病，经望、闻、问、切之后，认为患者得了头风病，可是他一时又拿不出来治疗此病的药方，急得束手无策，病人也很失望。

后来，这位病人找到一位老医师，老医师很快就把他的病治好了。华佗听后很是惭愧，便打听到老医师的住处，决心去拜师学艺。华佗当时名噪四方，唯恐老医师不肯收他为徒，于是改名换姓，来到其门下恳求学医。老医师见华佗心诚，就收他为徒。

从此，华佗起早贪黑，任劳任怨，虚心求学，终于学会了治头风病的方法。当华佗学成归去时，老医师才知道眼前这个徒弟就是名医华佗，他一把拉住华佗的手说："华佗啊，你已是名扬四海，为何还要到我这里受苦？"华佗把来意告诉了他，并说："山外有山，学无止境。人各有所长，我不懂的地方就应该向您学习。"

5.4 拜访礼

学"礼"

拜访是人与人交往时常有的活动，掌握见面拜访礼不仅能给他人留下一个好的印象，也能为以后顺利开展工作打下基础。

5.4.1 拜访规范

拜访规范主要包括提前预约、准时到达、控制时间、礼貌告辞4个方面。

一、提前预约

提前预约是对对方的尊重，也能避免因对方不在或正在做其他事而使自己陷入尴尬。我们通常需要提前1～5天预约。

二、准时到达

守时不仅是为了树立个人信用、提高办事效率，也是对交往对象的尊重。如果因故不能准时到达，我们须及时告知对方并表示歉意。

三、控制时间

拜访时，我们一定要注意控制时间，不要因为自己停留的时间过长而打乱对方其他的日程安排。一般情况下，礼节性的拜访应控制在一刻钟至半个小时以内，事务性拜访尽量不超过两个小时。有些重要的拜访需要宾主双方提前商议拜访的时间和时长，这样宾客需要按照约定时间进行拜访，不能单方面延长或缩短拜访时间。

四、礼貌告辞

一般是宾客自己提出告辞，主人虽然会表示挽留，但宾客还是要说明情况并离开，同时要向对方道谢，并请主人留步，不必远送。

另外，我们在拜访前可以为主人准备好礼物，礼物可以进一步拉近彼此的关系，更能体现对主人的尊重。

5.4.2 握手礼

握手是为了表示友好，有传递感情的作用。

一、握手规范

（1）握手前要先打招呼，稍作寒暄。

（2）握手前需要摘掉墨镜、手套，以表示真诚与尊重。

（3）握手时伸出右手，四指并拢，拇指张开与对方相握，如图5-1所示。

图5-1　握手的姿势

（4）握手时力度适中，太紧会让对方感觉有敌意，太松则会让对方觉得太随意。

（5）握手时一般会摇动2～3下。

二、伸手次序

握手时，伸手次序一般有"尊者决定"的原则。伸手次序会根据职位、身份、年纪来定，一般领导、长者、女士不主动伸手，对方就不应该伸手。

握手禁忌如下。

（1）忌伸左手进行握手。

（2）忌交叉握手。

（3）忌戴手套握手。

（4）忌仅握对方的手指尖。

（5）忌握手用力过猛。

（6）忌湿手握手。

（7）忌用脏手与对方握手。

（8）忌握手时另外一只手插在口袋里。

（9）忌握手后用手帕擦手。

（10）忌与异性握手时用双手。

（11）忌握手时面无表情。

5.4.3 名片礼

在日常交往中，名片是一个人的自我介绍信，是身份的象征，是重要的社交工具。名片不仅能推销自己，还能尽快使对方熟悉自己，取得对方的信任。有人曾说："一个不会使用名片的人是没有交际经验的人。"因此，在现代交际中，我们需要名片，还需要知道如何使用名片。

作为交际工具之一的名片，在我国已有2000多年的历史。早在秦汉时期，一些达官贵人便开始使用一种称作"谒"的竹制或木制名片，后改用绢、纸名片；汉末，"谒"改称"刺"；六朝时称为名；唐代称为门状等；明代称为名帖；清代称为名刺、名片；后统称为名片，沿用至今。

随着社会的进步和科技的发展，名片的功能越来越多，而名片的制作也越来越讲究。

一、名片的种类

现代名片的规格一般为10厘米×6厘米，或略小。世界各国名片规格并不统一，如我国的名片规格通常为9厘米×5.5厘米，而英国男女皆宜的名片规格为7.62厘米×5.08厘米。制作名片的材料更是多种多样，有布纹纸、白卡纸、合成纸、皮纹纸，以及不锈钢、黄金和光导纤维等。而笔者在埃及留学时，曾收到开罗大学文学院教授的纸草名片。

名片大体上可分为三大类：社交名片、职业名片、商务名片。社交名片一般只印姓名、地址、邮政编码、电话号码；职业名片上除了姓名、地址、邮政编码、电话号码外，还有所在单位、职称、社会兼职等；商务名片正面的内容与职业名片相同，但其背面通常会印上所在单位经营的项目等。

二、递送名片的时机

名片不是宣传单，不可以随便乱发。名片的基本功能是使对方了解自己，使对方掌握自己的联系方式。从这个目的出发，我们要想适时地向别人递送名片，使对方接受并收到最好的效果，必须注意以下几点。

（1）与某人初次见面时，向其赠送一张名片是十分必要和得体的行为。一般而言，这个时候也是交换名片的最佳时机。

（2）在宾客较多的场合，为了更早地了解客人，可以一开始就主动索要名片。例如参加会议时，如果事先对与会者不熟悉，可以在会议开始前向他们索要名片，然后熟悉他们的身份，以便在会议中展开交流。

（3）在餐桌上发放名片是不礼貌的行为。

（4）在聚会上，不要随意向陌生人递送自己的名片，除非征得别人的同意或者别人向自己索要名片，否则很可能让别人误以为你在拉关系。

（5）在涉外交往中，我们应入乡随俗，遵守不同国家交换名片的礼仪。例如，在丹麦，通常在会见开始时交换名片；在日本，通常做完自我介绍并鞠躬后交换名片；在葡萄牙，多是在会议上互换名片；在意大利和荷兰，则要等到第一次会面结束后才交换名片。

三、递送名片的礼仪

向别人递送名片时，我们应起身站立，面带微笑，友好地注视对方，以恭敬的态度将名片正面对着对方，用双手的拇指和食指分别持握名片上端的两角递给对方，并简单介绍一下自己，如"我叫×××，这是我的名片，请您笑纳"。递送名片的姿势如图5-2所示。

在涉外交往中，递送名片时，我们要把印有当地语言的一面向上。虽然我们没有必要给每位到场者都递上名片，但若在递给某人名片时，对方旁边还有参加活动者，则应该向其递送名片。对于重要的客人或者有必要进一步联系的朋友，我们还可以把更多的个人信息告诉对方，这样显得更加友好和亲密。

若是双方同时递送名片，则应用右手递，用左手接。

图5-2　递送名片的姿势

接过对方的名片后，我们应点头致谢，认真地将对方的姓名、职务、头衔等轻声读出来，并友好地说"谢谢""幸会"等。

递送名片的时候，我们一定不能打无准备之仗，应事先准备好足够的名片，并放在容易取出的地方。在必要时，我们就双手送上自己的名片。在递送名片时，忌讳事先没准备好，上上下下翻遍全身。倘若拿错了，递送的是别人的名片，那就更尴尬了。

四、接受名片的礼仪

接受他人的名片时，我们应当停下手中的事务，起身站立，面带微笑，对对方赠送给自己名片表示非常感谢，用双手拇指和食指接住名片下方的两角，并说"谢谢""深感荣幸"等。接过名片后，我们应认真地将对方的姓名、职务等重要内容轻声读出来。如果有不明白的地方可以当面请教，对方一定会乐意告诉你的。有时，我们还可以重复读出名片上所列的职务与荣誉，以示仰慕。

尤其要注意的是，在与东南亚及中东一些国家（地区）的朋友交往时，不能用左手接名片。因为在他们的文化中，左手多是不洁的，所以切记不要用左手接触对方，也不要用左手传递物品。

如果别人先向自己递送了名片而自己暂时没有名片，或者不愿与对方交换名片时，我们不能说"我没什么职权，没有名片""我们没有联系的必要"之类的话，这样说有损自己或公司的形象，同时也令别人尴尬。有礼貌的说法是"很抱歉，我的名片刚刚用完"或"对不起，我忘记带名片了，下次见面一定奉上"。这是维护自己形象和自我保护的重要方法。如果自己的名片确实已用完，又想给对方留下自己的联系方式时，我们可将联系方式写在便笺，递给对方并深表歉意。

五、名片的保存

接受别人的名片后，我们应妥善保存。在社交活动中，收下对方的名片后，或放进上衣的口袋里，或放入名片盒、手提包中。会谈时，我们也可以暂时将其摆在桌面上，这样可以在会谈过程中随时查看，以免叫错对方的姓名。但切记不要在名片上压任何物品，那样会被对方认为是一种不恭。如果随便乱放或随手往口袋里塞名片，会让别人觉得是一种不尊重。

回家或回到办公室后，我们应将接受的名片分类收进专用名片簿中。

收到的名片较多时，我们可按下列3种方法分类收藏，以便日后查找和使用。

（1）按字母顺序分类。外国友人的名片可以按英文字母顺序或其他外文字母顺序排列，中国同胞的名片可以按汉语拼音字母顺序或汉字笔画分类排列。

（2）按行业分类。例如，可以把文化界同行的名片放在一起，把企业界朋友的名片放在一起。

（3）按国别或地区分类。每一张名片犹如一张记事卡，我们可在名片背面记录收到名片的时间与地点等，但不要在名片正面乱涂乱画。

六、使用名片的注意事项

1. 应把名片收好，保持干净整齐，放在上衣口袋或公文包等容易拿到的地方，忌当场翻找。也可使用名片夹，因为质地精良的名片夹不仅可使名片保持整洁，而且能彰显你的职业水准。

2. 不要随意散发名片。

3. 在双方交换名片时，一般是年轻者先把名片递于年长者，客人先把名片递于主人，男士先把名片递于女士。不过，如果顺序颠倒，也不必谦让，应该大方收下，然后再拿出自己的名片回赠。

4. 如果想得到对方的名片，而对方又没有主动给时，应委婉地主动索要名片。

5. 收到别人赠送的名片时，不要把它往桌子上一扔，或随手往口袋里一塞，应妥善保管，以示尊重。

6. 忌在用餐时递送名片。无论参加私人或商务宴会，名片不可用于用餐时发散。

介绍礼仪

5.4.4 介绍礼

> **学"礼"**
>
> 介绍礼是社交活动中最常见、也是最重要的礼节之一，它是初次见面的双方交往的起点。在人际交往中，自我介绍和为他人做介绍是介绍礼中较为重要的两个方面，这是建立人际关系的开始。俗话说，良好的开端等于成功的一半。同样，一个成功的介绍会给整个社交活动创造一种融洽的氛围，并为进一步交流做好铺垫。所以，掌握介绍礼的方法和技巧是社交必备素质之一。

一、介绍的类型

在社交活动中，介绍的类型是多种多样的，主要有以下4种划分方式。

（1）按照社交场合的正式与否分，介绍可分为正式介绍和非正式介绍。正式介绍是指在较为正规的场合中进行的介绍；非正式介绍是指在一般非正规的场合中进行的介绍，非正式介绍不必过于拘泥于礼节。

（2）按照介绍者的位置分，介绍可分为自我介绍、他人介绍和为他人做介绍。

（3）按照被介绍者的人数分，介绍可分为集体介绍和个别介绍。

（4）按照被介绍者的身份、地位分，介绍可分为重点介绍和一般介绍，如对于贵宾可做重点介绍。

二、常用的介绍方法

在社交活动中，使用较多的介绍方法有两种：为他人做介绍和自我介绍。

1. 为他人做介绍

为他人做介绍时，如果被介绍者为双方或更多人，那么介绍人应该对被介绍的双方或更多人的情况都比较了解。在多数场合下，介绍人为他人做介绍是深受欢迎的。但若是被介绍的双方或一方因某种原因不愿结论另一方，介绍人在这种情况下如果强行为他们做介绍，会使大家陷入尴尬的境地。因此，介绍人应对被介绍的双方是否有意结识做到心中有数。若一时把握不准，介绍人可以先征求一下对方的意见，例如询问："那边有我的一个老朋友，你愿意和我一同过去与他认识一下吗?"此外，介绍人还要机灵敏捷、善解人意，通过观察来探询双方是否愿意结识。

为他人做介绍时，要讲究一定的礼仪，这样才可以达到扩大朋友圈、增进友谊的目的。恰当、得体的介绍不仅能使被介绍者觉得受到了尊重，而且也能体现介绍人的素质修养。为他人做介绍的一般注意事项如下。

（1）为他人做介绍的时机

选择恰当的时机介绍不相识的人相互认识，是为他人做介绍时首先要注意的问题。通常，在下列情况下，介绍人可为他人做介绍。

- 在聚会中正与人交谈，熟人走过来打招呼时或者看到了熟人需要过去打招呼时。
- 在办公室或其他社交场合，接待彼此不相识的客人或是来访者时。
- 打算推荐某人加入某一领域的交际圈时。
- 受别人的邀请为他人做介绍时。
- 其他一些自己认为有必要为他人做介绍的场合。

（2）为他人做介绍的先后顺序

一般来说，为他人做介绍要遵循由低到高、由幼及长、由男到女的顺序。

在被介绍者双方地位大体相当的情况下，将男士介绍给女士时，通常先把男士介绍给女士，并引导男士走到女士面前；介绍时应先提女士的名字，如"张小姐，我给你介绍一下，这位是李先生"。同样情况下，将年轻者介绍给年长者，通常先提年长者的名字，然后介绍年轻者。

在被介绍者双方地位有高低之分的情况下，应先将地位低者介绍给地位高者。商业性介绍中不分男女老少，应遵从社会地位高者有了解对方的优先权的原则，将社会地位低者介绍给社会地位高者。

在做集体介绍时，也应该注意一定的顺序。当被介绍者双方地位、身份大致相似，或者难以确定时，应当先介绍人数较少的一方或个人，后介绍人数较多的一方或多数人。

（3）应对介绍的技巧

当自己被介绍给别人时，自己也需要有一个正确、恰当的回应，这样才能使介绍顺利进行。而且，当自己被介绍给别人时，别人的注意力就会一下子集中到自己身上，这是表现自己的契机。一般来说，被介绍者应该做出以下几方面的回应。

首先，起立。被介绍者应当站立着，并面对对方，表现出彬彬有礼、乐于结识对方的诚意。介绍完毕，被介绍者应与对方握手致意，并说"您好""幸会""很高兴认识您"等谦敬语。被介绍时如果被介绍者不方便站起，也应尽可能做起立状。

其次，露出愉悦的神情。被介绍时，被介绍者应该放弃正在做的事，微笑着目视对方，同时与对方热情、友好地握手；不要表现得冷冰冰的，那样会让人觉得你趾高气扬、傲慢无礼，会伤害介绍人和另一方的感情。

再次，双方交换名片或联系方式。

最后，礼貌结束短暂的介绍与交谈。相互介绍完之后，双方一般会进行简短的寒暄或交谈，结束交谈和寒暄时，被介绍者要注意使用礼貌的语言表达不舍的心情。道别时，被介绍者可以说"再见！""见到您真是太高兴了，以后有问题我会多多向您请教！""希望还能有机会与您见面！""有幸能认识您真是太好了，以后保持联系！"等谦敬语。

（4）其他注意事项

如前所述，在为他人做介绍之前，介绍人必须考虑或观察被介绍双方有无结识的必要或意愿，如果不好把握，则最好征求一下被介绍双方的意见，切勿自作主张，否则容易造成尴尬的局面。

在进行集体介绍时，介绍人最好能够按照一定的顺序，尤其是当被介绍者的地位不易分辨时，可采取逆时针或顺时针方向，自左至右或自右至左等方式依次进行介绍。若没有地位非常尊贵的人士在场，介绍人就不该破例先介绍谁。介绍人切不可进行"跳跃式"介绍，这是对别人的不恭敬，也会使被介绍者陷入尴尬的境地。

介绍人为他人做介绍时，应起身站立于被介绍双方之间，自己陈述的时间不宜太长，

内容应简洁明了。介绍时通常的称呼是姓名加上尊称，如
"吴××先生/女士，请允许我把王××先生介绍给您"。也
可以随意一点，如"方小姐，让我来给您介绍一下，这位
是王先生"。介绍时还可以辅以手势，如图5-3所示。

在为他人做介绍时，介绍人应尽可能公平地对待双
方，避免给任何一方带去厚此薄彼的感觉。对一方介绍
得面面俱到，而对另一方介绍得敷衍了事是不行的。介
绍前，介绍人应先向双方打招呼，使其有思想准备。介绍
时，语言应清晰、准确。此外，介绍人的手势应文雅，无
论介绍男士还是女士，都应手心朝上，四指并拢，拇指张
开，朝向被介绍的一方，切忌用手指指来指去。

介绍时，介绍人如果不知道或忘记某人的名字，或

图5-3　为他人做介绍的手势

遗漏某人时，应随机应变，既可以通过幽默的话语来化
解尴尬，也可以巧妙地示意问题所在，以便指出问题并加以纠正，还可以暗示对方做
自我介绍。例如，可以这样说："下面，我们请这位气质非凡的小姐做一下自我介绍。"
或者说："实在抱歉，我记得以前见过你，可我想不起你的名字了。"

📝 **测一测**　　请几位同学上来演示以下场景，测一测他们是否会正确地为他人做介绍。

1. 为一位上级与一位下级做介绍。
2. 为一位长辈与一位晚辈做介绍。
3. 为一位男士与一位女士做介绍。
4. 为主人（方）和客人（方）做介绍。

---

2. 自我介绍

在社交活动中，有时需要做自我介绍。例如，由于某种原因，主人对互不相识的
客人未做介绍，这时客人就可以自我介绍。再如，为了结交某位知名专家，自己也可
以主动进行自我介绍。自我介绍是跨入社交圈、结交更多朋友的第一步，特别是在想
结识某些人或某个人而又无人引荐时，自己就需要向对方自报家门，将自己介绍给对
方。而自我介绍往往是自己给别人留下的第一印象，因此如何介绍自己，并给对方留
下深刻的印象，就相当有讲究。良好的自我介绍可以体现一个人的人缘和魅力，所
以，自我介绍是社交的一把钥匙，务必将它运用好。

一般情况下，自我介绍时需介绍自己的姓名、工作单位及职务，再加上客套语，如"我是张明，是××公司公关部经理，很高兴认识您"。自我介绍时，要做到表达清晰、自然、流畅。

（1）讲究自我介绍的艺术

进行自我介绍前，我们要寻找适当的机会。当对方正与人亲切交谈时，不宜走上前去进行自我介绍，以免打断别人的谈话；而当对方独处时，就可以抓住时机进行自我介绍。

自我介绍要看场合。如与一人会见，问好后便可开门见山地进行自我介绍。如果有许多人在场，我们在做自我介绍前最好加一句话，如"我们认识一下好吗？我是……"。做自我介绍时，不要把目光集中在一个人身上，最好环视大家，然后将目光转向他们中的某个人，这样大家也会相应地做自我介绍。

此外，在做自我介绍前，我们也可以引导对方先做自我介绍，如"请问您贵姓？""您是……"，待对方回答后再顺水推舟地介绍自己。两人相互认识后，若希望进一步交往，还可以交换名片，以便日后联系。

（2）自我介绍的时机

- 在社交场合，与不相识者相处时，对方主动做自我介绍或要求自己做自我介绍时。
- 在公共聚会上，希望与别人结识时。
- 找某人寻求帮助，而对方不了解自己时。
- 前往陌生单位，进行工作联系时。
- 其他一些自认为有必要做自我介绍的情况。

而当对方无兴趣、无要求、工作忙、心情差或正忙于私人交往之时，则不宜进行自我介绍。

（3）自我介绍的基本要求

第一，语言要力求简洁，时长以半分钟左右为佳，不可信口开河、滔滔不绝，否则很可能使对方感到厌烦，达不到交际的效果。自我介绍时还可利用名片、介绍信加以辅助。

第二，介绍时充满信心和勇气，态度自然友善、亲切随和、落落大方、不卑不亢，既不要畏首畏尾，也不要矫揉造作。

第三，要与对方进行目光交流，正视对方的双眼，显得胸有成竹，不慌不忙，使对方对自己产生好感。

第四，语气要自然，语速要适当，语音要清晰，不可语气生硬，语速过快或过慢，语音含糊不清。

第五，诚信为先，自我介绍的内容一定要实事求是，既不必妄自菲薄、过分谦虚，也不可自吹自擂。

下面介绍3种自我介绍的方法并举例说明。

（1）从介绍自己姓名的含义入手

我姓苏，苏东坡的苏；名杰，杰出人才的杰。自古以来，苏姓人才辈出，因此父母也希望我成为一个杰出的人才。不过，我刚毕业，事业刚刚开始，但我相信在大家的帮助下，成功之路就在自己的脚下。

（2）从介绍自己所属生肖入手

我的生肖排第一，属鼠，是去年进入××宾馆工作时，今天是我参加工作以来的第一个五一劳动节，我也是第一次参加如此大规模的比赛，但愿这么多的"第一"会给我带来好运。谢谢大家！

（3）从介绍自己的职业特征入手

我叫张伟，在××宾馆公关部工作，也许有的人会认为一个男子怎么能从事公关工作呢？其实这是一种误解，公关是塑造形象和协调工作的科学，只要具有公关知识和素养，男子也同样能从事公关工作。今后，希望各位在工作中多多关照。

📝 测一测　　　　　　　　　　　　　你是否会得体地做自我介绍？

通过学习自我介绍礼仪，分组练习自我介绍。每组推荐一位同学上台演示，老师和其他同学看看演示的同学在表情、立姿、手势、发音、语速、介绍内容等方面是否符合要求。

5.5 待客礼

学"礼"

在社会交往中，我们经常需要接待来访的客人。在接待来访的客人时，我们需要主随客便、考虑周全、讲究礼仪，这样才能让人感到宾至如归，促进关系发展。

5.5.1 ▸ 接待礼

一、细心安排

约定拜会事宜以后，主人应着手进行必要的准备工作，以便使客人到访时产生宾至如归之感。服饰要整洁，家庭布置要干净美观。水果、点心、饮料、菜肴等要提前准备好。

二、迎送礼让

客人对主人的态度是否热情是十分敏感的。一般情况下，在客人抵达之后，主人要做的头一件事就是向对方表示热烈欢迎。主人应提前到门口迎接，而不宜在房中静候，且最好夫妇一同前往。当客人准备告辞时，主人要进行挽留，不能客人一说要走，主人马上站起相送或起身相留，这都有逐客之嫌。如果客人执意要走，主人也要等客人起身后再起身。送客时，主人应主动握手送别，并将客人送出门外或送到楼下，不要在客人走时无动于衷，或点点头、摆摆手算是招呼，这都是不礼貌的。最后，主人还要用热情友好的语言欢迎客人下次再来。

三、热情相待

待客之时，主人要热情厚道。进入室内，主人应把最佳位置让给客人坐。如果客人是初次来访，主人应向其他家人做介绍。主人要面带微笑，积极创造聊天的话题。此外，主人不可只管自己忙，而把客人晾在一旁。

5.5.2 ▸ 宴饮礼

宴饮是招待宾客的重要活动，从邀约、迎接、布置到送别都有许多礼仪要求。无论是日常生活中的欢庆佳节、婚嫁丧仪、邀友相聚、致意答谢，还是商务活动中的商务联谊、择吉开张等活动，都离不开宴饮。宴饮不是随随便便地请客吃饭，而是有一整套特有的礼仪。

一、邀约客人

宴饮活动开始之前，我们一定要邀约客人。重要的大型宴饮活动还需要提前送上请柬，表示热情欢迎其参加。

二、迎客入席

宴饮活动当日，主人需要提前在门口迎接客人，互致问候。如果客人需要先在会客厅小坐，主人还需敬上茶点。如果是大型宴饮活动，则需要有人带领客人到相应的席位。古人设宴，对座次安排十分讲究，主人坐什么位子，客人坐什么位子，都有严格规定，乱坐就有喧宾夺主、不尊重其他人的感觉。

三、位次、桌次排列

1. 位次排列

（1）每桌只有一个主位的排列方法

一般遵循"面门为上"、"以右为尊"的原则，主人在主位上就座，第一主宾坐在主人的右手位置，第二主宾坐在主人的左手位置，其余客人按此顺序排列，如图5-4（a）所示。

（2）每桌有两位主位的排列方法

每桌有两位主位的情况一般是有主陪和副陪，主陪还是遵循"面门而上"在门的正对面，副陪则在主陪对面。第一主宾坐在主陪右手位置，第二主宾坐在主人左手位置，第三宾客在副陪右手边，第四宾客在副陪左手边，以此类推，如图5-4（b）所示。

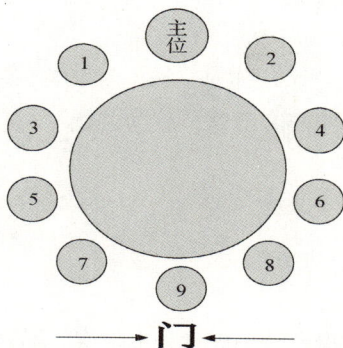

图5-4（a） 一位主位的位次排列

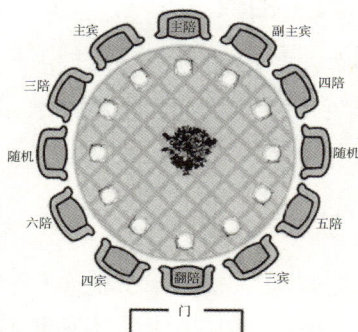

图5-4（b） 两位主位的位次排列

2. 桌次排列

总的来说，我们主要遵循以下方法进行桌次排列，如图5-4（c）所示。

（1）面门为上。

（2）右高左。

（3）中座为尊。

（4）观景为佳。

（5）临墙为好，依次排列。

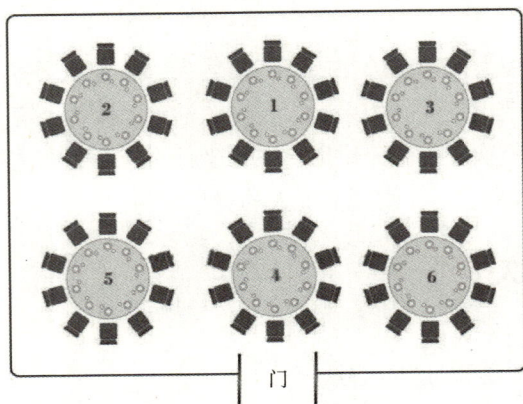

图5-4（c） 桌次排列

四、宴会食序

早在《礼记》中就有关于宴会食序的记载，先饮酒，再吃肉菜，而后吃饭的食序与现在大致相同。

五、宾主相敬

宴会有献宾之礼，先由主人取酒爵到宾客席前请饮，称为"献"；次由宾客还敬，称为"酢"；再由主人把酒注入觯后，先自饮而后劝宾客随饮，称为"酬"。这样，合称"一献之礼"。

六、饮食礼仪

（1）要等客人先动筷，其他人方可动筷。

（2）吃饭时应闭口咀嚼，不发出声响，要细嚼慢咽，不虎食、不牛饮、不鲸吞。

（3）别人跟你说话时，应将口中食物吞下后再回答。

（4）不舔食筷子、不舞动筷子，如有人在交谈，不自觉地舞动筷子是不礼貌的行为。不乱放筷子，筷子应放在筷架上，不要横放在碗上、菜肴上，或竖插在盛有食物的碗或盘子里等。

（5）食物残渣应吐在骨碟中，不要吐在桌上或地上。

（6）用牙签剔牙时，不要面向大家，可用手掩住嘴，不可用果盘里取食水果的牙签剔牙。

（7）不可对着餐桌打喷嚏、咳嗽，可侧身、转身，并用手、纸巾捂住口鼻。

七、奉茶礼

（1）倒茶时切记不可满杯。中国自古便有"倒茶不满"时礼仪，因为茶是热的，倒满了茶杯会很烫，这就容易烫到客人，有时还易致茶杯落地打破，给客人造成难堪。

（2）放置茶盅不可发出声响。客人喝茶提盅时不能任意把盅脚在茶盘沿上擦，茶喝完放盅要轻手，尽量不要让盅发出声响，否则有"强宾压主"或"有意挑衅"之意。

（3）奉茶时右手持杯，左手托杯底，双手奉出为敬。

（4）持杯时不能抓杯口、握住杯口。总之，奉茶的人不能用手碰触到客人的嘴部要接触的部分，否则视为失礼。

（5）持杯奉茶时，以防唾沫溅入杯中，不要边奉茶边说话。从客人的右方奉上茶，方便客人取杯；将茶杯放置到位后，退后一步，再说"请客人用茶"等礼貌用语。

（6）奉茶时要注意先后顺序，先长后幼、先客后主，应依身份的高低顺序奉茶。

（7）放置茶壶时，壶嘴不能正对他人，否则表示请人赶快离开。

（8）奉有柄茶杯时，一定要注意茶杯柄要朝向客人的顺手面，例如右面，这样有利于客人手拿茶杯的柄。

（9）及时给客人添茶、换茶。如果主人一直不换茶，说明主人可能还有其他安排，客人就要察觉到主人是在"暗下逐客令"，应起身告辞，否则会打扰到主人。

"评一评"中有1个餐桌上的故事，我们来一起评价他的行为，并说说你见过或听过的餐桌上的故事。

评一评 ———— 为什么仅仅一次餐桌行为，这位员工就被否定了？

某集团董事长有一次和员工去吃饭，一共去了8个人，而刚好有一道菜是8块肉。这时，有一个员工特别喜欢吃，便吃了1块，这样就有一个人没吃到这道菜。董事长事后评价，这种人即使能力再强，也不能重用。

5.5.3 交往有度

适度是人际交往中的重要原则，"凡事皆有度，过犹则不及。"现实生活中，任何事情做过了头都会走向它的反面，正所谓"物极必反"。

人与人之间的交往也是如此，如果交往甚密，反而容易出现裂痕；而把握好分寸和掌握好火候，不偏不倚的"适中"交往，才能使感情更加真挚，情意更加绵长！

　　"君子和而不同，小人同而不和。"君子与人交往，会保持和谐融洽的氛围，但不会如胶似漆，并且保持自己独立的见解，不会人云亦云，盲目随从。小人之间看上去友好，但实际上会钩心斗角，他们往往为一己私利不择手段。因此，交往有度，就要做到相处适度、送礼适度、不过分谦恭、不过分随意、进退有度，便可使友谊长久且不失礼仪。

　　东汉有一位学者叫朱晖，他读太学期间结识了朝廷重臣张堪，两人一见如故，很是投缘。朱晖不但学识渊博，为人也正直。张堪很欣赏他的学识与为人，再加上他们是同乡，就有意提拔朱晖。可是朱晖婉言谢绝了。这样一来，张堪反倒把朱晖看作可以信赖的人。他推心置腹地和朱晖说："你是一个非常自持之人，我愿意把自己与妻儿托付与你！"后来，两人因为种种原因失去了联络。时光如水，张堪去世后，因为他本人为官清正廉洁，没有任何积蓄，家人的生活一时非常困难。就在张家为生活困窘而发愁的时候，朱晖闻讯赶来，向张家伸出援助之手。这令张堪的家人颇感意外。有了朱晖的帮助，张家熬过了最艰难的日子。朱晖的儿子对父亲的行为极其费解："以前也没有见您和张堪有什么深交，为什么要厚待他的家人？"朱晖把张堪以后事相托的前情告诉了儿子，感慨道："我和张堪是彼此倚重、生死相托的朋友，这就足够了。"朱晖后来官至尚书令，但他从来不喜炫耀自己，常告诫儿子："你们不一定要学我如何做官，但务必要学我是如何做人的。"

　　相传唐贞观年间，薛仁贵尚未得志之前，与妻子住在一个破窑洞中，衣食无着落，全靠王茂生夫妇经常接济。后来，薛仁贵参军，在跟随唐太宗李世民御驾东征时，因平辽功劳特别大，被封为"平辽王"。一登龙门，身价百倍，前来王府送礼祝贺的文武大臣络绎不绝，可都被薛仁贵婉言谢绝了。他唯一收下的是普通百姓王茂生送来的"美酒两坛"。一打开酒坛，负责启封的执事官吓得面如土色，因为坛中装的不是美酒，而是清水！"启禀王爷，此人如此大胆戏弄王爷，请王爷重重地惩罚他！"岂料薛仁贵听了，不但没有生气，而且命令执事官取来大碗，当众饮下三大碗王茂生送来的清水。在场的人不解其意，薛仁贵喝完三大碗清水之后说："我过去落难时，全靠王兄弟夫妇经常资助，没有他们就没有我今天的荣华富贵。如今我美酒不沾，厚礼不收，却偏偏要收下王兄弟送来的清水，因为我知道王兄弟贫寒，送清水也是一番美意，这就叫君子之交淡如水。"此后，薛仁贵与王茂生一家关系甚密，"君子之交淡如水"的佳话也就流传了下来。

君子之间的交往就如同清水一般平淡清纯，而小人之间的交往就如同美酒一样浓烈甜蜜。不过，正因为平淡清纯，所以君子之交才真实亲密且能长久；也正是由于浓烈甜蜜，小人之交才经不起时间的考验。真正交心的朋友无须车马鱼肉之馈，也不必太过亲密，却始终能保持着一份高雅纯净的友谊。当你遇到困难的时候，他会在背后默默给予支持；而当你富贵的时候，他只是在背后默默地祝福。他可以不锦上添花，却一定会雪中送炭。

5.6 公共场所礼仪

学"礼"

公共汽车、轿车、火车、地铁、客轮、飞机、影剧院、图书馆、博物馆等公共场所，是供社会成员开展活动的公共空间。在公共场所，我们不仅要积极维护和发扬尊老爱幼的传统美德，还应自觉遵守公共场所礼仪规范。

在公共场所，我们不能随地吐痰，不能当着别人的面搔头发、剔牙齿。在公共场所，我们打哈欠、咳嗽、打喷嚏时应捂住口鼻，面向一旁，尽量不要发出太大的声音。在公共场所，我们应讲究公共场所礼仪，行为举止得当，这样才能受人欢迎和尊敬；反之，则会令人反感和讨厌。

5.6.1 乘公共汽车礼仪

公共汽车是城市居民常用的交通工具。平时上下班，双休日上街购物，人们大多都会乘坐公共汽车。乘坐公共汽车时，乘客应讲究以下礼仪。

一、自觉排队

在公共汽车起点站，乘客应自觉排队，依序上车。在中间站，车靠站后，乘客要先下、后上，乘客或从前门上、后门下。乘客应主动让老弱病残、妇女儿童先上车，上车后应酌情向车厢内移动，不要堵在车门口，以免妨碍后面的乘客上车。

二、主动购票

诚信乘车，主动购票。乘客上车后应主动刷卡、刷移动支付二维码或将事先准备好的钱币投入箱内。乘坐需要二次确认购票凭证后才能下车、出站的公共汽车时，乘客需主动出示购票凭证下车或出站。

三、互谅互让

孕妇、病人、老人或抱孩子的妇女等没有座位时，有座位的乘客应主动让座。当他人给自己让座时，乘客要立即表示感谢。车上人多时，乘客之间难免会出现拥挤和碰撞，大家都应互相谅解。乘客还应尊重司机、售票员的劳动。此外，乘客应注意乘车安全，不要在车上打毛衣，不要将雨伞尖指向他人，以免误伤其他乘客。

四、注意卫生

乘客不能随地吐痰、乱扔果皮纸屑。随身携带机器零件或鱼、肉等的乘客，应将所带物品包好，以免弄脏其他乘客的衣物。

5.6.2 乘轿车礼仪

随着城市出租车、网约车的普及和私家车自驾出行的增多，轿车已成为人们常用的交通工具。因此，乘客应当了解轿车礼仪的有关知识。

轿车上的座位有尊卑之分。一般来说，车上最尊贵的座位是后排右座，其余座位的尊卑次序依次是后排左座、后排中座、前排右座。如果是专业司机开车，贵宾坐在后排右座；如果是轿车主人开车，贵宾也可以坐在前排右座（即副驾驶座），以便交谈。

亲友一同乘车时，男士和晚辈应当照顾女士和长辈，请他们先上后下，并且为他们开、关车门。

女士上车时，可面朝车门轻轻坐到座位上，然后双腿并拢进入车内；下车时，双脚应同时着地，不要一前一后。

乘坐出租车时，若无特殊情况，乘客坐在后排。乘客应当尊重出租车司机，一般情况下，不要催促司机加快车速，也不要对司机的驾驶技术说三道四。乘客下车时，应向提供优质服务的司机道谢。

5.6.3 乘火车礼仪

乘坐火车时，旅客应讲究以下礼仪。

一、对号入座（卧）

乘坐火车、高铁、动车的旅客，应提前到火车站候车，按时排队检票上车。旅客进入车厢后应对号入座（卧），不可占用别人订好的座位（铺位）。

二、互相关照

旅客上车后，应迅速把携带的物品安放在行李架上，而不要把提箱、包裹等随意放在车厢通道内，以免影响其他人通行。

旅客之间的寒暄、交谈应掌握好尺度，不要随便打听别人的隐私。与人聊天时，旅客应文明礼貌，不信口开河或大声讲话，以免影响他人休息。

5.6.4 乘地铁礼仪

随着我国经济和社会的发展、科技的进步，许多城市都修建、开通了地铁。现代交通工具中，地铁因准时、便捷、安全而受到大众的喜爱。乘坐地铁时，乘客应讲究以下礼仪。

（1）先下后上。候车时，乘客禁止越过黄色安全线或倚靠屏蔽门；应按线排队候车，先下后上；车门或屏蔽门开、关过程中，禁止强行上下列车；车门或屏蔽门关闭后，禁止扒门。

（2）注意仪态。乘客禁止在地铁站、列车内追逐打闹；禁止在站台、大厅、出入口、通道久留；禁止在出入口平台上坐卧。

（3）讲究卫生。乘客不得随地吐痰、乱扔果皮纸屑、在车厢内吃喝。

（4）保持安静。乘坐地铁时，乘客交谈应尽量轻声细语，不要高声喧哗；使用手机通话时，不要大喊大叫，以免影响其他乘客。

5.6.5 乘客轮礼仪

乘坐客轮时，乘客应讲究以下礼仪。

一、遵守规则

乘客上船后，应听从客轮工作人员的安排，到自己的铺位休息，不要任意挪动铺位。

乘客可在甲板上散步、观景，也可去阅览室读书、看报等；但注意不要随便闯入别人的客房，更不要到"乘客止步"之处游逛。"乘客止步"之处多为船员或工作人员工作或休息的场所。

乘客乘船时还应遵守航行规则。例如，白天不要站在船头或甲板上挥舞衣服或手帕，以免被其他船只误认为是在打旗语；晚上则不可拿着手电筒晃动照射，以免被当成信号灯光。

二、彬彬有礼

乘客应依序排队上船，而不要争先恐后地挤成一团。上船时，男士和年轻者应留意照顾同行的女士和年老者，让他们走在前面。下船时，男士和年轻者可以走在前面，以便帮助同行的女士和年老者下船。

乘客要尊重船员，乘客之间也应以礼相待、友好相处。

5.6.6 乘飞机礼仪

乘坐飞机时，乘客应注意以下礼仪规范。

（1）乘客乘国内航班至少应提前1小时到达机场，乘国际航班则至少需要提前1.5小时到达机场，以便有足够的时间办理登机手续等。

（2）乘客上下飞机时，均有空乘人员和其他机组人员站在机舱门口迎送。乘客进出舱门时，应向热情迎送的空乘人员和其他机组人员表示感谢或点头致意。

（3）飞机起飞或降落时，颠簸得较厉害，安全起见，乘客应全程系好安全带。

（4）乘客在飞机上使用盥洗室时，动作要迅速，并注意保持其清洁，把用过的纸巾扔进收集脏纸巾的容器内。

（5）乘国际航班时，航程较长，乘客感觉疲劳时，可以放下座椅靠背仰身休息。放座椅靠背之前，乘客应先看看后面的乘客是否正在用餐，等后面乘客用餐完毕已不再需要座椅后面的托板时，再缓缓地放下自己的座椅靠背。

5.6.7 影剧院礼仪

电影院、剧院是比较高雅的场所，观众的仪态举止应当与其氛围相协调。

现在，喜欢到影剧院看电影、观剧的人越来越多，观众在影剧院看电影、看舞台剧或听歌剧时都应讲究礼仪。

（1）观众去电影院看电影时应衣着整洁，去剧院观看演出着装应得体，夏天不能穿背心、拖鞋入场。

（2）观众去影剧院看电影或观看演出时，应尽量提前或准时入场；在入口处主动出示票证，请工作人员检验，入场后对号入座。若到达较晚，其他观众已坐好，自己的座位又在里面，这时应有礼貌地请别人给自己让道；从别人面前经过时，应面向让道者一边道谢一边朝前走，而不要背对着让道者走过去。

（3）从礼仪的角度出发，观看演出时，迟到者应自觉站在剧院后面，等到台上表演告一段落时再悄然入座。

（4）到剧院观看演出，落座后，戴帽者应摘下帽子。入座时，观众不要将椅子两边的扶手都占据了，要照顾到"左邻右舍"。观看演出时，观众不要摇头晃脑、手舞足蹈或交头接耳，以免妨碍后面观众的视线；也不要高谈阔论，以免影响周围观众。观看演出时，观众切忌起哄、吹口哨、怪声尖叫。爱吃零食的观众要自我约束，吃带壳的食物，吃食物时尽量不要发出响声。

（5）在剧院观看演出时，观众要有礼貌地适时鼓掌，以表达对演员、指挥的尊敬、钦佩和谢意。鼓掌时，观众要掌握好时机。例如，当受欢迎的演员首次出台亮相时应鼓掌；观看芭蕾舞，乐队指挥进场时应鼓掌；演奏会上指挥登上指挥席时应鼓掌；一个个高难度的杂技动作完成时应鼓掌；一首动听的歌曲演唱完毕时应鼓掌；演出告一段落时应鼓掌；演出全部结束时应起立热烈鼓掌。

（6）观看演出时，观众鼓掌若不得当，会产生不好的影响。例如，演员的台词还没说完或交响乐的一个乐章尚未结束时，观众贸然鼓掌，不仅影响演出，而且大煞风景。

（7）在剧院看演出时，观众不宜中途退场。如果临时有急事或确实不喜欢，观众应在幕间休息或一个节目结束时离场。

（8）观看演出应善始善终。演出结束时，观众不要匆忙离场，应等演员谢幕或主宾在主人陪同下登台向演员致谢后，再秩序井然地离场。

5.6.8 图书馆礼仪

图书馆是人类智慧的宝库，是读者学习和交流知识、获取信息的场所。作为读者，我们应遵守以下礼仪规范。

（1）读者在图书馆学习时应衣着整洁，不能穿背心、拖鞋进图书馆。读者在获取知识的同时，应自觉遵守图书馆的规章制度，爱护图书馆的设施，保持安静和环境清洁卫生。读者进入图书馆阅览室后，应自觉关闭手机或将其设置为静音。

（2）读者在图书馆学习时要讲文明、讲礼貌，不要抢占座位，为自己或他人划地盘。图书馆是公共学习场所，空位皆可坐，但要坐在别人旁边的空位时，应有礼貌地询问其旁边是否有人。

（3）在图书馆借还图书，可运用计算机检索、查询课题，或在语音室听录音、收视室看录像等，读者都要按序排队。在图书馆，特别是在阅览室，读者走路要轻，入座和起座要轻，翻书也要轻。与学友交谈时，读者应轻声细语。若需长时间讨论，读者则应到室外交谈。

（4）在图书馆阅览时，读者应自觉爱护公共设施和图书报刊。阅览时，读者不能在书、报刊上涂画，更不允许把自己所需要的资料撕剪下来，揣入自己的书包带出馆外，必要时可携带笔记本随时摘抄。

（5）图书馆的图书因为借阅人数多、存放时间久，所以读者借阅书籍要注意卫生。

（6）借阅图书时，读者应先填好借书卡并耐心等待，不要语言生硬地催促工作人员，更不要出言不逊。读者不能对图书馆工作人员喊"喂"，而应尊称"老师"。读者应正确地使用借书板，取下需要的书时应及时将借书板插入书所在的位置并做好标记，以便准确归还，不给工作人员添麻烦。此外，借书必须使用本人的借书证，办理借书手续时动作要快，说话要轻。如果在闭架借书，应认真填写书单交给工作人员查询，自己在一边耐心等待。读者在使用计算机或图书馆的其他公用设施时，应尽量抓紧时间，以免给他人造成不便。借阅完毕，读者要对图书馆工作人员的辛勤劳动表示谢意，以表达自己对他们的感激之情，同时也是对他们的尊敬。

（7）读者对借阅的图书要及时归还或办理续借手续，并在自己保管使用期间小心爱护它们，做到"完璧归赵"。如果借阅的图书不慎遗失或发生损坏，读者应主动说明并照章赔偿。

5.6.9 博物馆礼仪

博物馆是收藏、展览珍贵物品的场所。博物馆中展品丰富。参观者参观博物馆可以增长知识，提高欣赏水平。参观博物馆应讲究以下礼仪。

一、爱护展品

博物馆陈列的展品大多具有较高的历史价值或艺术价值，其中一些甚至是国宝。因此，参观博物馆时，参观者一定要爱护展品，做到不随便触摸展品，未经允许不使用闪光灯拍摄展品。此外，参观者还应当爱护博物馆内的展台、照明等设施。

二、文明参观

参观博物馆时，参观者应保持安静，不要大声喧哗；听讲解员讲解时要专心，不要出言不逊，妄加评论。参观者应自觉遵守博物馆的有关规章制度，不要一边参观，一边吃零食。人多时，参观者不要拥挤，应当按顺序边看边走。参观者不宜在一件展品前长时间驻足，以免影响他人欣赏。

超越他人时，参观者应讲礼貌，注意不要从他人面前经过，以免妨碍他人观赏，而应当从其身后走过。如果必须从他人面前经过，参观者应说："对不起，请让我过去一下。"

5.6.10 体育场馆礼仪

体育场馆是进行体育锻炼和体育比赛的场所。在体育场馆中观看体育比赛，观众应讲究有关礼仪。

（1）在体育场馆中观看比赛时，观众不必太讲究衣着，但要整洁、大方。人多时，观众应自觉排队购票，按时入场。倘若姗姗来迟，入座时会影响别人观看比赛。入场后，观众应尽快找到看台上的座位坐下来。

（2）观看体育比赛时，观众希望自己喜欢的运动队获胜是人之常情，可以获得理解。但是，作为文明观众，我们应尽量克制自己在感情上一边倒的倾向，要为双方队员鼓掌加油，为每位运动员的出色表现喝彩，不要只为一方支持、鼓励，而对另一方喝倒彩或故意起哄。

（3）"人有失手，马有失蹄。"作为文明观众，我们对运动员在比赛中竞技发挥的失常、失误要给予谅解，而不要发出嘘声、怪声或讥笑声，应尊重运动员、裁判员、服务人员的劳动，不要嘲讽或辱骂裁判员、运动员。

（4）作为文明观众，我们应自觉维护体育场馆内的卫生，不随地吐痰，不乱扔果皮、瓜子壳等废弃物，不乱踩座位，不翻越栏杆。

（5）散场时，观众应按秩序退场，不要拥挤，遇到老弱病残者应主动礼让。

5.6.11 健身房礼仪

健身房是供人们锻炼身体的场所。在健身房活动，锻炼者要讲究以下礼仪。

（1）互相关照。健身房内配备有多种器材，分别用于锻炼身体不同部位的肌肉。鉴于此，一个人不要长时间霸占某一种器材，以免妨碍他人进行运动。此外，运动完毕后，锻炼者应将器材归回初始状态，如将计时计数器归零。

（2）保持器材干净。锻炼时，若汗水弄湿了器材，锻炼者应用毛巾等将其擦干。

（3）保持安静。健身房是运动场所，锻炼者应避免高声谈笑或大声喧哗。

（4）致意。离开健身房前，锻炼者应向指导教练致意，感谢他（她）的指导与陪伴。

5.6.12 游泳池礼仪

游泳池是人们健身和消暑的好地方。在游泳池游泳，我们要讲究以下礼仪。

（1）保持池水清洁。入池前，我们应冲个澡，把身上的汗水、灰尘等洗干净，以免污染了清洁的池水。

（2）为他人着想。在游泳池游泳时，我们应按照一定的路线前进，不要急转弯，以免碰到他人。

（3）注意安全。在游泳池内运动时，我们要注意安全，尽可能避免出现呛水或身体碰撞等情况。

5.6.13 公园礼仪

公园是人们休息、娱乐的公共场所。无论春夏秋冬，许多离退休老人都会在清晨来到公园进行活动和晨练。白天，游客来到公园观光赏景；黄昏时分，忙了一天的职员们来到公园漫步，借此消除疲劳。每逢周末或节假日，一些家庭全家出动，去公园尽情享受和体会大自然的美。不少学生在周末或节假日也会来到公园僻静处看书学习。

人人都热爱美丽的大自然，都喜欢在空气清新、景色迷人的公园里休息、娱乐或举办活动等。因此，人人都有责任和义务爱护公园内的公用设施和花草树木。游客在公园里游玩和活动，需要讲究讲风格、讲礼让、讲互助等游园礼仪。

（1）在公园内活动和游玩，游客应当自觉保持公园的卫生和宁静。

（2）游客在公园内不要乱扔果皮纸屑、饮料瓶罐，也不要高声喧哗、嬉笑打闹。

（3）利用双休日在公园游玩、野餐的游客，离开时不要忘了将废弃物收拾干净。

（4）游客还应自觉遵守公园的规章制度，爱护公园的花草树木和娱乐设施，不能攀树折枝、掐花摘果、践踏草坪，也不能在文物古迹上刻画、书写自己的名字。要知道，人靠建功立业才能名垂青史，而到处涂抹自己的名字，只会在其他游客心目中留下不好的印象。

（5）游客不能躺在公园的长椅上睡觉。在景点拍照时，若需要请别人帮忙，游客应礼貌地说出来，拍照后别忘了向其道谢。

（6）不少公园里配备有儿童游乐设施，如小滑梯、小旋转马、小秋千等，这是专供孩子玩的设施。成年人可以在旁边兴致勃勃地观看孩子们玩耍，但不要抢占专为孩子设置的游乐设施。

5.6.14 洗手间礼仪

一、洗手间标志

洗手间除文字标志外，还有图画标志。男女洗手间通常分别以男人和女人的人像作为标志。女洗手间的标志还有裙子、皮包、丝巾、高跟鞋等；男洗手间的标志还有帽子、烟斗、长裤、领带等。以颜色区别的话，通常红色的为女洗手间，蓝色的为男洗手间。部分常见洗手间标志如图5-5所示。

图5-5 部分常见洗手间标志

图5-5　部分常见洗手间标志（续）

二、洗手间的使用

（1）在火车、飞机和轮船上，洗手间通常是男女共用的。使用前，我们应先注意里面有人还是没人，不要贸然进去。

（2）出入洗手间时不要用力过猛，将门拉得大开或撞得直响。在洗手间里的时间不应太长，使用洗手间时应自觉保持洗手间的清洁卫生，不应在洗手间里信笔涂鸦。使用洗手间后一定要自觉放水及时冲洗，并关好水龙头；纸屑应扔进纸篓；不要在洗手间内乱吐、乱扔其他东西；要注意保持洗脸池的清洁，不留脏水和污物；不要随手拿走或乱拉乱用洗手间里备用的纸巾。

（3）走出洗手间之前，我们应把衣饰整理好，不要一边系着裤扣或整理着衣裙一边往外走，这样显得不雅观。

5.6.15 医院礼仪

一、看病礼仪

去医院看病时，我们应遵守医院规矩，自觉排队挂号。就诊时应尊重医生，如实回答医生的提问；取药时，也应按先后顺序领取。

二、住院礼仪

住院治疗的病人要听从医生的安排，积极配合医生治疗疾病。住院期间，病人应尊重医护人员，遵守病房的作息制度，自觉保持病房的卫生，与其他病友友好相处、互相关照。

三、探望病人礼仪

去医院探望病人时，我们要讲究下列礼仪。

1. 选择恰当的时间

探望病人时，我们要选择恰当的时间，应在医院允许的探望时间内进行。注意，我们不应在病人刚住进医院或刚做完手术时去探望，这样会影响病人的治疗和休息。通常在下午4点左右去医院探望病人比较适宜。

2. 携带合适的礼品

探望病人时，我们可根据病人所患疾病及其病情携带合适的礼品。例如一束香味淡雅的鲜花、一本优秀的小说，或一些适合病人食用的水果、营养品等。

3. 讲些安慰的话语

去医院探望病人时，我们的表情宜轻松、自然、乐观，神情不要过于沉重，更不要在病人面前落泪，以免给病人造成精神压力。与病人交谈时，我们应轻声细语，说些宽慰与鼓励的话，使病人增加战胜疾病的勇气。我们在病房逗留的时间不可太长，一般以10分钟左右为宜。

📋 **评一评** ······························ 请你评一评这样行为。

在西方社会，"女士优先"是男士恪守的社交原则，在一些不起眼的小事上谦让和照顾女士，被认为是男子汉气概与绅士风度的表现。因此，不少西方国家都有一条不成文的规矩：女士乘搭公共汽车的时候，同车的男士应主动为其让座。在这种情况下，女士无须推让，只需要说一声"谢谢"，便可以安然入座。

一天，正是上班的高峰时间，一辆搭载了不少乘客的电车缓缓地停靠在站台旁。一位太太登上了电车，她穿着合体的套装，拎着一只小小的漆皮包，在车厢里走了一步，便犹豫地站住了，因为乘客挺多，已经没有空座位了。一位先生见状，便客气地站起身对她说："请坐这儿吧。"这位太太走上前，看也没看他一眼，便一声不吭地坐下了。让座的先生颇感诧异，周围的乘客也都对她这种不礼貌的行为感到不满。

公共场合礼仪指导：在公共场合得到别人的帮助，对提供帮助者微笑着道声"谢谢"是最基本的礼貌。

5.7 通信礼仪

学"礼" 随着我国人民生活水平的逐步提高和通信事业的发展，电话、网络已进入千家万户，成为亲朋好友之间交流信息、联络感情、开展社交的重要通信工具。日常工作、生活中，接打电话，使用微信、网络看起来简单，但是有些人由于不熟悉或不讲究使用礼仪，从而导致了沟通障碍。正确使用电话、微信、网络等通信工具，可以让我们取得最佳的沟通效果。

5.7.1 接打电话的礼仪

一、打电话的礼仪

1. 选择时间

打电话时，我们应选择适当的时间。一般来说，若是利用电话谈公事，我们应尽量在受话人上班10分钟以后或下班10分钟以前的时间段通电话，这时对方可以比较从容地听电话。若是亲友间谈私事，除非事情紧急，否则打电话的时间不宜过早（早上7点钟以前）和太晚（晚上10点钟以后），以免打扰对方休息。

打国际长途电话时，我们则要注意地区时差。笔者的一位外国朋友法格海博士是阿拉伯作家。他几次从开罗打电话问候我时，武汉正值午夜时分。他忽略了北非的开罗与东亚的武汉两地有6个小时的时差。结果，急促的电话铃声惊扰了笔者的甜梦。

2. 通话准备

通话前，我们要有所准备：确认受话人的电话号码，以免拨错号码给别人增添麻烦，并要事先想好谈话内容。打重要电话前，我们不妨先在纸上记下要点和有关数据，而不要在通话时再慌慌张张地翻找材料，让对方干着急。

3. 通话礼貌

通话要讲礼貌。电话接通后，我们应先向对方问好，然后自报单位和姓名。若接电话者不是自己要找的人，可请他（她）帮忙传呼并表示谢意，不要"咔嗒"一声把电话挂断，或把自己准备讲的话告诉接电话者，托其转告。如果通话内容不便转告，可以告诉对方自己会改时间再打，或请对方转告回电话的号码。

4. 通话艺术

学生给老师打电话，应主动报姓名，并说明打电话的目的。例如，黄子师同学给王一老师打电话，当电话接通后，黄子师同学可以告诉老师："王老师，您好，我是您的学生黄子师，今天给您打电话的目的是××。"这样做简单明了。而如果说："王老师，我是您的学生，您猜猜我是谁？"这样不仅耽误时间，而且容易让对方不愉快或者因为猜错使双方产生误会，影响关系的同时还会耽误事情。

通话内容应简明扼要，不要东拉西扯。根据实际情况，我们可用探询或商量的口气交谈，同时细心聆听对方的回复。除特殊情况外，通话时间切忌过长，每次以3分钟左右为宜。交谈完毕道谢或道别后，我们应及时结束通话。如果对方是长辈、上级，我们应让对方先挂电话。

二、接电话的礼仪

1. 尽快接听

电话铃一响，我们应尽快接听电话，不能置若罔闻或有意延误时间，让对方久等。拖延时间不仅失礼，有时还会误事。

电话铃响之际，如果自己正与同事或客人交谈，可先与同事或客人打个招呼，再去接电话。拿起听筒后，我们应先说"您好"，接着自报家门。听电话时，我们应聚精会神，可以不时地"嗯"一声，或说"好"，以表明自己正仔细聆听对方的谈话并有所反应，不要在接听电话的同时与身边的熟人打招呼或小声谈论别的事情。

接听电话时，若自己正在用餐，最好暂停吃喝，将口中的食物处理掉，以免咀嚼吞咽的声音通过电话传进对方的耳朵，给对方留下被轻视的感觉。

2. 助人为乐

在日常生活和工作中，当接通电话后发现自己不是对方要找的人时，我们应主动帮助对方传呼受话人。如果受话人不在，我们要马上告诉对方，并客气地询问对方是否有急事需要转告。如有，我们应认真记录，随后及时转告；若对方不愿讲，可悉听尊便，不可盘问、打听。通常在对方挂断电话之后，我们再挂断电话。

接到打错的电话时，我们应仔细聆听对方找谁，然后询问对方拨的号码是多少，最后客气地告诉对方打错了电话。若有可能，我们可为对方提供一些线索，不要责怪拨错电话号码的人或气呼呼地挂断电话，以发泄不满，这是不礼貌的行为。对方道歉时，我们可说"没关系"；对方致谢时，我们应回答"不客气"。彼此应以礼相待，皆大欢喜。

三、塑造良好的接打电话形象

接打电话是一种快捷、特殊的交往方式。说它快捷，即使两人相距遥远，通话时也犹如近在咫尺；说它特殊，彼此"只闻其声，不见其影"（使用视频通话除外）。既然通电话主要靠声音进行交流，那么打电话者和接电话者均应格外注意音量、语气及谈话内容，以便给对方留下好的印象。

四、使用手机通话的礼仪

随着手机的普及，手机持有者有必要了解和掌握使用手机通话的礼仪。

（1）当手机铃声响起，要尽快接听。

（2）因故未能接听电话，发现后要及时回话。

（3）通话时要礼貌用语。

（4）遵守公共秩序，在教室、图书馆、会议室、电影院等公共场合应自觉关机或调至静音。

（5）做客时，要尊重主人，没有特殊情况不要不停地使用手机接打电话。

5.7.2 微信礼仪

一、微信设置礼仪

1. 昵称

文明使用昵称，在商务交往中也可使用真实姓名。

2. 头像

头像要使用健康、积极的图片。

3. 签名

签名可以给一些有用的信息，如你想告诉别人什么或者传递一种什么样的生活态度。

二、加微信好友礼仪

（1）添加好友微信时，应遵循长幼有序、主客适宜的原则。

（2）主动添加好友时，简单备注自我介绍及添加理由。谁先加的微信，谁就应该自报家门。

（3）成功加入好友后，应第一时间向对方打招呼，第一时间问候对方，并简单介绍一下自己，这会给人留下更好的第一印象。

（4）不管是你主动加别人为好友，还是别人添加你为好友，通过后都应第一时间修改备注，不要过一段时间就不知道对方是谁了。

三、发微信消息礼仪

（1）注意发微信消息的时间，应选择非休息时间发送，以免打扰对方休息。

（2）主动联系对方时，应先向对方问好，然后直接叙述事情。

（3）尽量发文字信息，发语音或语音通话前应征询对方的意愿。

（4）如果是发快递地址或其他需要编辑的信息给别人，尽量以文字的方式发给对方，别发截图。

（5）发送重要资料前，应先寻问对方是微信还是邮件接收更方便。

四、收微信消息礼仪

（1）及时回复收到的微信消息。

（2）假如下属向你请示，同意就回复同意，不同意就回复不同意；如果还需要时间考虑，那也及时回复"我考虑一下"。这样下属心里就有数了。

（3）对于重要的群和人可设置接收方式。你可以通过设置把最重要的群和人永远都放在页面的最上面，这样不容易遗漏重要的信息。

（4）当接收到语言类的工作微信消息时，如不方便接听，可以回复"现在不方便接听语音，如有急事，可以发送文字"。

（5）如果收到工作上的消息但暂时没空处理，建议先回复"已收到，现在手头有其他工作（外出中或开会中），晚点再回复你"，让对方知道你已经收到消息。

（6）工作时收到微信消息不想立刻处理的，可以使用"提醒"功能，以防止遗忘。

五、微信群礼仪

（1）建立微信群：如果想邀请某人进入建立的微信群，应先征得对方的同意；建群介绍群成员时，应按尊者优先了解别人的原则，这样有助于工作的顺利开展。

（2）微信群昵称：建议针对群主题修改自己的群昵称，降低沟通成本。

（3）微信群名称：取一个清晰明了的微信群名称，让大家都能知道微信群的用途。

（4）在微信群聊天的注意事项如下。

● 不发不文明的内容和图片，因为这是自身素质的体现。

● 不能泄露他人隐私，不能随意发表未经他人同意的、涉及个人隐私的内容和图片。

● 尽量不要连续发各种表情图片，以免影响群内正常交流。

（5）关于微信群红包的注意事项如下。

● 不要强行要求别人发红包，是否发红包要看别人的意愿。

● 不是所有红包都可以抢，抢之前要先看一下微信群中的对话。因为有些微信群红包是指定发给某个人的，有些红包收到之后需要帮忙转发……总之抢红包之前先看清楚。

● 如果微信群中只有两个人对话较多，不要当着大家的面持续交流，可以加进通讯录交流，避免打扰大家。

● 公司项目群应一群一主题，讨论结束后下载好资料，备份聊天记录便可解散该微信群。

六、朋友圈礼仪

（1）不宜在朋友圈很活跃，却不回收到的微信消息。

（2）尽量别把跟朋友的私人对话截图到朋友圈，除非对方同意。

（3）应及时回复朋友在朋友圈的评论。

5.7.3 网络上课/办公礼仪

一、网络上课礼仪

1. 教师礼仪

（1）提前测试设备，按时上课。

（2）仪容仪表端庄。

（3）坐姿端正。

（4）备课充分，讲解生动，语速、语调适中，层次分明。

（5）课后答疑及作业布置。

2. 学生礼仪

（1）按时上课。

（2）仪容仪表端庄。

（3）坐姿端正。

（4）认真听课，做好笔记。

（5）在教师讲课时不随意提问，可将问题列出，课后统一寻求解答。

（6）课后保质保量完成作业。

二、网络办公礼仪

1. 线上线下行为一致

现实生活中，大多数人都是遵纪守法的，网络上也同样如此，不要以为在网络上活动就可以降低道德标准，线上线下行为应一致。

2. 尊重别人的时间和带宽

提问题以前，自己先花些时间搜索和研究一下，很可能同样的问题以前已经有人问过多次，网络上有现成的答案。不要以自我为中心，因为别人为你寻找答案需要消耗时间和资源。

3. 分享你的知识

除了回答问题以外，当你提了一个有意思的问题而得到很多回答，特别是通过电子邮件得到的回答，你可以写份总结与大家分享。

4. 平心静气地谈论

沟通没有对与错，只是立场不同而已，我们要以理服人，不要进行人身攻击。

5. 尊重他人的隐私

别人与你用电子邮件或其他通信软件交流的记录应该是他人隐私的一部分，不要随意传播。

6. 合理使用管理员权限

管理员比其他用户有更多权限，应该珍惜使用这些权限的机会，合理使用权限。

7. 学会宽容

谁都会有犯错误的时候，当看到别人写错字、用错词，或者写了没必要的长篇大论时，不要过分在意。如果你真的想给他建议，请用电子邮件私下提议。

📑 **评一评** ················· 如果你是接电话的同事，你会怎么表述？

乔·吉拉德（原名约瑟夫·萨缪尔·吉拉德，Joseph Sam Girardi)，他是吉尼斯世界纪录大全认可的世界上最成功的推销员之一。

有一天晚上，他约好了晚上 10 点钟给一位客户打电话。在 9 点 30 分时，他开始刷牙、洗脸、穿上正装、皮鞋。10 点钟到了，他面带微笑的站得笔直，用温和的语气给客户打了 3 分钟的电话。

1. 你认为为了三分钟的电话做这些准备有必要吗？
2. 乔·吉拉德在打电话时运用了哪些礼仪？

·············

电话语言指导：接打电话时，我们要注意将所要表达的内容完整、准确、清晰地表述出来，以免引起误解，如以上接电话的同事可以说"小王现在不在人事部门工作，已调到行政部门了。"

5.8 求职礼仪

学"礼" 📖 随着市场经济体制的进一步发展，人事制度、毕业生就业制度和劳动用工制度也发生了相应的变革。如今，求职者与用人单位实行双向选择的模式日趋普及，求职现象日渐普遍。许多即将毕业的大学生或研究生等，都会面临就业问题。而一些对现有工作不大满意的职工，也打算换个工作单位试一试。可是，怎样才能找到称心如意的工作单位呢？求职者的知识和能力固然重要，但仅有技能还不够，掌握求职技巧和求职礼仪也十分重要。因此，求职者应当学习求职知识、求职技巧和求职礼仪，以便顺利择业。

5.8.1 求职准备

一、收集、整理信息

首先，求职者要利用各种途径广泛收集人才需求信息，以便对号入座。求职者既可以通过官方、校方、厂方的人才供需见面会、人才交流会等渠道了解哪些工作单位需要人，也可以从广播、电视、报刊、计算机、人才市场、劳动力市场、职业介绍所等各种媒介中捕捉人才需求信息，还可以拜托亲朋好友、老师、同学、老乡等帮忙打听、联系工作。随着互联网技术的普及，网络查询日益成为一个主要的收集人才需求信息的手段。接着，求职者应将收集到的信息进行整理，从中筛选出自己认为比较理想的工作单位，作为下一步的目标。求职者在选择岗位时，要客观、准确地评价自己，让自己的优势、特长与应聘岗位相适应，分析并积极弥补自己的弱势。在掌握招聘单位的基本信息、考核内容及方式的前提下，求职者要调整好的心态，既要相信自己的能力，又要有耐心和韧性。

二、选择工作单位

比较理想的工作单位，是指那些既符合本人兴趣又能发挥自己专长的单位。例如，喜欢语言文字者，可以选择需要文秘人员的工作单位；而乐于经商者，则可去贸易部门竞争职位等。

三、个人简历

个人简历要简洁明了，重点突出，干净美观，清晰易读，同时要有个性，能突出自己的特点。个人简历可采用完全表格式、半文章式、小册子式、时序式或创造式等格式，应包括个人基本情况、受教育和培训情况、工作经历、能力及经验、个人兴趣和特长等内容，还要附上有关评论或获奖的证明材料。现举例如下。

个人简历

姓名		性别		出生年月		照片
民族		政治面貌		身高		
学制		学历		户籍		
专业		毕业学校				
技能、特长或爱好						
外语等级			计算机水平			
在校经历						
联系方式						
通信地址				联系电话		
邮箱				邮编		
自我评价						

四、求职信

（1）求职者写求职信应实事求是，既不能夸大其词，也不能贬低自己，力求做到行文规范，表达准确。求职信写好后可打印出来，其篇幅不要超过两页纸，文中不宜出现文字错误及涂改痕迹。现举例如下。

我叫×××，女，××大学会计学专业××届毕业生。在校期间，学习成绩优异，专业课平均成绩91分，选修课平均成绩87分。已通过大学英语四级考试和计算机二级考试，会操作Office、Windows等计算机软件，在省级报刊上发表过4篇论文，曾两次荣获校级"三好学生"荣誉称号，连续3年获得一等奖学金。

本人性格开朗、爱好广泛，喜书法，好绘画，有一定的写作能力，组织能力较强。在校期间，本人历任班、系、院学生干部，参与组织了"樱花诗会"等活动。

我希望能为贵单位效力，从事与所学专业相关的财务、会计、文秘等工作，以便施展自己的才华。联系电话：×××××××××××

（2）书面求职信包括称呼、正文、结尾、署名、日期、目录、附件等方面的内容，通常以1500字左右为宜。求职信应精心设计、标新立异，实事求是、恰如其分，文笔流畅、表达准确，重点突出、有针对性。

（3）电子求职信包括求职目标、个人小结和决心3部分内容，一般篇幅以收件人无须使用屏幕的滚动条就能读完为宜。在网上发送时，应以"应聘××职位"作为邮件标题，把求职信作为邮件正文，再把简历直接复制到邮件正文中，这样方便对方阅读。求职信和简历应用文本格式来写，求职信和简历中都不能有错别字，二者应一同发送，不要分开。

（4）除了求职信和个人简历外，为了加深用人单位对自己的印象，求职者在求职时还可以准备推荐信。推荐信可以请熟悉自己的老师写，也可以请校方组织部门出具推荐信，后者一定要加盖公章。这些都有助于用人单位更好地了解求职者。

五、联系用人单位

（1）求职者与用人单位联系时，要讲究策略。求职材料寄出后，求职者应等待一些日子再询问结果。若求职材料寄出不久，求职者就急不可耐地频繁催促用人单位，会让对方反感。若求职材料寄出很久都没有回音，则求职者应通过邮件或电话客气地询问对方是否收到，有时还可以主动出击。例如，美国教育家卡耐基先生的一位朋友就是靠胆大心细才得以进入一家知名的广播公司。

当时，有多家公司请他"静候佳音"。他觉得"守株待兔"不是办法，于是开始主动出击。他用十分冷静的语气打电话询问一家大公司："本人想询问一下贵公司是否还在征求助理制作？"他前后共打了10次电话，每一次得到的回复都是："对不起，我们部门没有征求任何人员。"他还是不甘心，继续打，终于有人告诉他："你可以跟特拉多先生或杜尔先生联络，他们已经开始进行面谈了。"还有人回答说："是的，他们正在征求助理制作，您可以和崔斯基先生谈谈。"面试的时候，主考官问他是如何得知这个机会的，公司并没有向外界透露消息，原打算由内部人员递补。他回答说自己打了多次电话查询，终于侥幸地得到了这个消息。主考官点头笑着说："你这种锲而不舍的精神真是令人可敬可佩。"

求职并非易事，在求职道路上求职者并不总是见到一路绿灯。求职时若被对方回绝，求职者也不必沮丧，失败乃成功之母，应再联系其他用人单位。

（2）联系更多的用人单位。能够学以致用当然最佳，但短期内若无合适的用人单位，求职者则不妨变通一下，而不要把自己牢牢地限制在一个狭小的专业圈子里，所谓"退一步海阔天空"。例如，学历史专业的青年人，既可以同教育部门挂钩，当一名历史教员；也不妨与报社、杂志社、出版社联系，从事编辑工作；若有机会到机关、企业等单位做行政工作也很好。联系的面宽一点，机遇就会多一些。

5.8.2 ▶ 面试流程

进入面试环节，求职者离成功就只有一步之遥了，但是对于大多数人来说，迈出这一步确实有些难。首先，他们可能从来没经历过正规的面试，即便是经历过可能也不太清楚在之前的面试中自己的表现到底符不符合标准。面试流程中有以下基本的礼仪要求。

（1）提前5分钟到达。

（2）整理仪容仪表。

（3）敲门：敲门敲3下，声响和节奏适中，单指（食指）敲，避免重音。

（4）进门：进门之后记得关门，注意一切操作都要轻柔并且放慢动作。

（5）开场问好。

● 面带微笑是非常有必要的。

● 走到面试桌旁站定，停一秒再说话，避免边走路边说话。然后开始介绍自己，如"各位面试官好，我是××"，话语完毕停一秒并鞠躬（15度或30度），过程中要沉稳冷静，镇定自若。

● 待面试官说"请坐"，有礼貌地回复"谢谢"。

（6）就座：不要拖拽椅子，要轻拿轻放椅子，只坐椅子的2/3或1/2。

（7）回答提问：理清自己的逻辑，组织语言，注意采用总分总的回答形式。

（8）面试完毕：致谢，如说"谢谢各位面试官"，然后鞠躬（30度或45度）离场。

5.8.3 ▶ 面试演练

面试不仅考查你的专业知识，而且考查你的应变能力、语言组织能力和逻辑思维能力，所以我们在平时要注意积累，争取面试成功。

一、自我介绍演练

1. 仪容着装符合面试要求。

2. 自我介绍主要内容：姓名、学历、工作经历、特长、优势等。

3. 演练方法：对着镜子演练或请家人、朋友扮演面试官配合自己演练。

二、问答面试中的常见问题

1. 履历

（1）请介绍一下你的家庭情况。

（2）谈谈你的过去和现在。

2. 教育

（1）填志愿时，你为什么选择这个专业？

（2）你喜欢什么课程？为什么？

3. 自我评价

（1）你认为自己最大的优点、缺点是什么？

（2）你是否有失败的时候？你是怎么处理的？

（3）你觉得所学的专业或接受的教育对你将要从事的工作有什么帮助？

（4）谈谈你对某个社会热门话题的看法。

4. 技能

（1）你会说何种外语？

（2）你会使用办公软件吗？打字速度如何？

（3）你会驾驶汽车吗？

5. 兴趣爱好

（1）你平时有哪些业余爱好？

（2）你喜欢哪类图书？

（3）你喜欢哪些电视节目？

6. 价值观和职业规划

（1）假如我们聘用你，你对这一工作有何计划和设想？

（2）你对这份工作最大的兴趣是什么？

（3）你喜欢什么样的上司？

（4）你为什么选择这家公司？

（5）你是否介意出差？

7. 要求待遇

（1）你期望的薪金是多少？

（2）你理想中的待遇是怎样的？

8. 到任日期

你什么时候能开始工作？

9. 其他问题

（1）你认为自己能胜任这份工作吗？

（2）有什么是你想知道的吗？

（3）你希望单位为你做点儿什么？

三、面试流程演练

参照5.8.2中的面试流程，请家人或朋友作为面试官帮助你进行演练，做到仪容仪表仪态端庄，语速得当、回答得体，应变及时。

📝 测一测

1．你常常主动向陌生人做自我介绍吗？　是　否

2．你喜欢结交各个行业的朋友吗？　是　否

3．你喜欢参加社会活动吗？　是　否

4．你喜欢发现他人的兴趣吗？　是　否

5．你与有地方口音的人交流有没有困难？　是　否

6．你喜欢做大型公共活动的主持吗？　是　否

7．你愿意做会议主持人吗？　是　否

8．你在回答有关自己的背景与兴趣的问题时感到为难吗？　是　否

9．你喜欢在正式场合穿礼服吗？　是　否

10．你喜欢在宴会上致祝酒词吗？　是　否

11．你喜欢与不相识的人聊天吗？　是　否

12．你喜欢成为公司联谊会上的核心人物吗？　是　否

13．你在公司组织的活动中愿意扮演逗人笑的角色吗？　是　否

14．你喜欢在孩子们的联谊会上逗孩子们笑吗？是　否

15. 你为自己的演讲水平不佳而苦恼吗？　是　否

16. 你与语言不通的人在一起时感到乏味吗？　是　否

17. 你与人谈话时喜欢掌握话题的主动权吗？　是　否

18. 你喜欢倡议共同举杯吗？　是　否

19. 你希望别人对你毕恭毕敬吗？　是　否

20. 你与地位低于自己的人谈话时是否轻松自然？　是　否

说明： 本测试 22 道题中，只有 5、8、15、16、19、20、21 题选择"否"得 1 分，其他测试题选择"是"得 1 分。

评析： 当你的得分是 0 ～ 4 分时，说明你是一位孤独的人，几乎不喜欢任何形式的社会活动；当你的得分是 5 ～ 10 分时，说明你也许是由于羞怯或寡语少言的性格，没有表现出足够的自信，当你应该以轻松热情的面貌出现时，你却常常显得过于局促不安；当你的得分是 11 ～ 16 分时，说明你在大多数社交活动中表现出色，只是有时缺乏自信，今后要特别注意主动结交朋友。16 分以上，你有很好的社交能力，合理运用这种能力，将会是你成功人生的助力器。

5.9 职场礼仪

学"礼"

离开学校，走进工作单位的大门，我们应尽快调整好心态，熟悉业务工作，使自己尽早进入角色，在工作中不断提高业务水平。同时，我们要积极培养团队精神和增强协调能力，尽快融入工作单位。

俗话说："一个篱笆三个桩，一位好汉三个帮。"立业既要靠自己努力奋斗，也需要他人的帮助并与他人合作。因此，在工作单位认真学习和努力实践职场的行为规范与准则——职场礼仪，与上级处好关系，与同事和睦相处，我们才能够在工作单位中受欢迎，在事业上一步步走向成功。

5.9.1 办公礼仪

一、仪表礼仪

仪表端庄、整洁。

二、举止礼仪

在公司内，职员应保持优雅的举止。

三、环境礼仪

（1）不在工作时间扎堆聊天、大声喧哗；节约水电；禁止在办公家具和公共设施上乱写、乱画、乱贴；保持卫生间清洁；在指定区域内停放车辆。

（2）饮水时，如不是接待来宾，应使用个人的水杯，减少一次性水杯的浪费。不得擅自带外来人员进入办公区，会谈和接待安排在洽谈区域。最后离开办公区的职员应关电灯、门窗及室内总电源。

（3）个人办公区要保持办公桌位清洁，非办公用品不外露，桌面物品摆放整齐；当有事离开自己的座位时，应将座椅推回办公桌内。

（4）下班离开办公室前，应该关闭负责区域所用机器的电源，将台面物品归位，锁好贵重物品和重要文件。

四、接听电话礼仪

电话作为便利的通信工具，在日常生活中经常使用。因为工作上的需要，我们可能经常要在办公室接听电话，所以了解接听电话礼仪非常重要，它代表了整个企业的形象。

五、语言礼仪

在办公室里与同事们交往离不开语言，"良言一句三冬暖，恶语伤人六月寒"。在职场沟通中，我们应多用文明礼貌语和赞美语，注意语言礼仪。

六、开关门的礼仪

一般情况下，无论是进出办公大楼或办公室的房门，我们都应用手轻推、轻拉、轻关。

5.9.2 同事礼仪

同事关系是指同一组织中的工作人员因工作而产生的关系，通常具有稳定性。长期共处一室的同事应当讲究同事礼仪，彼此尊重，互相帮助，一视同仁，以便建立与保持和谐的同事关系。

一、彼此尊重

俗话说："同船共渡，八百年修行。"大家从四面八方走进同一个单位，自然也算有缘分。同事长年累月在一个单位共事，彼此比较熟悉。在这种情况下，同事间更应该彼此尊重，以诚相待，切不可揭别人的隐私，更不可东家长、西家短地搬弄是非。我们要向取得好成绩的同事表示热烈祝贺，也对遇到不幸的同事表示同情，切不可幸灾乐祸。

二、互相帮助

在一个单位共事的同事，在工作中既有分工又有合作。无论是分内事还是分外事，同事之间都要互相支持、互相帮助，同心协力把工作做好。遇到困难时，同事应互相帮助；当有需要时，彼此应互相支持、携手并肩。

三、一视同仁

俗话说"十个手指都不一样长"，虽然各位同事的工作水平参差不齐，但每个人在人格上都是平等的。因此，同事间切忌意气用事，不要与少数人过分亲密而形成一个小圈子，进而疏远其他同事，造成不必要的隔阂。同事间应一视同仁，提倡"淡如水"的"君子之交"，以便长期保持和谐的同事关系。

📝 测一测

以下 4 种食物中，你最喜欢（　　　　）食物。

A．比萨　　　　B．海鲜　　　　C．牛肉面　　　　D．米饭炒菜

测试结果分析

选 A 的人

你在工作团体当中扮演的是一个叛逆者的角色，有自己的想法，思维模式总是和别人不太一样，虽然有自己的做事方式，但经常"捡了芝麻丢了西瓜"。尽管这样的工作风格经常会让你感到苦恼，但你仍会坚持做自己。不过，很多杰出者都具有你这样的"风格"，你是有一定发展潜力的。

选 B 的人

你是乐天主义者，做事从来都不会拖泥带水，讲求效率和质量。只要是你认定的事情，你一定会尽力、尽快将其处理好。你拥有坚韧不拔的品质，对于认准的事情不会轻易放弃。即便是面对棘手的问题，你照样会毫不惧怕地向前冲。

选 C 的人

你的性情比较孤傲，但你拥有活跃的思维，创意无限，而且经常有意想不到的灵感。你是一个相信自己才华的人，但更喜欢活在自己的世界里，做自己喜欢的事情，不喜欢跟人有过多交流。你对这个世界抱有理想主义，并且勇于接受现实的挑战。

选 D 的人

你是典型的后现代主义风格，情感脆弱又惧怕寂寞，做人做事总是欠缺一股冲劲。工作的时候，你会很好地完成自己的分内事，但不会为了赢得上司的欣赏而逞能，也不会做自己工作任务以外的事情。你的性格脾气都很好，在工作中会是一个很不错的合作伙伴。

5.10 志愿者礼仪

学"礼"

志愿工作是指一种助人的、具有组织性的、基于社会公益责任的工作。志愿者礼仪不仅是个人仪表仪容、言谈举止、待人接物等方面的综合体现，更是个人道德品质、文化素养、教养良知等精神内涵的外在表现。

一、志愿者精神

志愿者精神是指一种互助的、不求回报的精神，它提倡"互相帮助、助人自助、无私奉献、不求回报"。1994年，中国青年志愿者协会成立，其成立大会中指出，"使奉献、友爱、互助、进步的青年志愿者精神在青年一代中发扬光大"。当前，"奉献、友爱、互助、进步"的志愿者精神已广泛为社会所接受。

1. 奉献

"奉献"指恭敬地交付、呈献，即不求回报地付出。奉献精神是高尚的，是志愿者精神的精髓。志愿者在不计报酬、不求名利、不要特权的情况下参与推动人类发展、促进社会进步的活动，这些都体现了其具有高尚的奉献精神。

2. 友爱

志愿者精神提倡志愿者欣赏他人、与人为善、有爱无碍、平等尊重，这便是友爱精神。志愿者之爱跨越了国界、职业和贫富差距，是没有文化差异、民族之分的平等之爱，它让社会充满阳光般的温暖。

3. 互助

志愿者精神包含着深刻的互助精神，它提倡"互相帮助、助人自助"。志愿者凭借自己的双手、头脑、知识、爱心开展各种志愿服务活动，帮助那些处于困难和危机中的人们。志愿者以互助精神唤醒了许多人内心的善念，使他们付出所余，持之以恒地真心奉献，帮助人们走出困境，自强自立，重返生活舞台。受助者获得生活的能力后，也会投入关心他人、帮助他人、为社会做贡献的志愿活动中，这些志愿活动都体现着深刻的"互助"精神。

4. 进步

进步精神是志愿者精神的重要组成部分，志愿者通过参与志愿活动，使自己的能力得到增强，同时促进了社会的进步。志愿活动中无处不体现着"进步"的精神，正是这一精神使人们乐于付出，追求社会和谐的实现。

二、志愿者仪容仪表、仪态

文明礼仪体现着志愿者的道德修养，将直接影响到志愿服务的质量与成效。文明礼仪应成为志愿者日常生活的一种习惯，一句礼貌用语的背后，是对别人的尊重，而换来的是别人的真诚和理解。

1. 志愿者仪表要求

志愿者，应穿着由志愿者组委统一提供的服装。除一般情况下着统一服装外，应根据工作需要，按照特定的场合调整自身装束和妆容，如参加招待会或其他会谈的服务工作，应按规定着装。志愿者常着统一定制的志愿服装、马甲、帽子，佩戴授带、袖章、徽章、工作牌等，如图5-6所示。

志愿者马甲

志愿者帽子

志愿者授带

志愿者袖章

志愿者徽章

志愿者工作证

图5-6　志愿者常穿着和佩戴的物品

（1）按志愿组委会要求，如着统一定制志愿服装，志愿者不得随意增加或减少配饰。

（2）原则上室内人员可不佩戴帽子。

2．志愿者仪容、仪表

（1）女志愿者具体要求。

发型：前不及眉、侧不掩耳、后不及领三个标准。即有流海不遮住眼眼；短发要露出耳朵；长发扎起或盘起。颜色以自然色为主。

妆容：化淡妆。

指甲：不留长指甲，最长不超过3毫米。指甲油以自然色为宜。

鞋袜：舒适平跟或不超过3厘米的高跟鞋。袜子以肤色丝袜为宜。

配饰：数量不超过三件，颜色质地款式统一。

（2）男志愿者具体要求。

发型：前不及眉、侧不掩耳、后不及领3个标准。主要以不留长发，颜色以自然色为主。

妆容：洁面、护肤、刮胡须。

指甲：不留长指甲，最长不超过3毫米。

鞋袜：舒适鞋子。袜子选择棉质；颜色可与裤子同色、也比裤子深的颜色、或选符合当天着装的颜色。

（3）注意事项。

女志愿者不配戴吊坠耳环或带钻饰品。

3. 志愿者举止礼仪

"言为心声，行为心表"。志愿者应当注意自己的言谈举止，一言一行、一举一动都符合志愿者行为规范。

（1）站姿。

● 基本站姿（见图5-7）。

正：即头正、双目平视、嘴角上扬、下颌微收、面容平和自然；

平：双肩放松，保持平稳双臂自然下垂于身体两侧两手自然放松；

立：腰要能立住，躯干挺直；

挺：挺胸，让双肩适当展开，达到挺胸效果；

收：收腹，确保呼吸顺畅的同时适当收腹；

并：双腿并拢、双脚并拢。

图5-7　基本站姿

● V字步站姿。在标准站姿的基础上，右手握左手，双腿自然并拢，脚跟靠紧，脚尖展开呈"V"字形，如图5-8所示。女士脚尖的度数根据场合不同（场合严谨度数小，场合宽松度数大）分别为：15度、30度、45度。男士脚尖的度数根据场合不同（场合严谨度数小，场合宽松度数大）分别为：30度、45度、60度。

● 丁字步站姿。在标准站姿的基础上，右手握左手（配合脚姿，也可以以左手握右手），自然贴在腹部，右脚略向前靠在左脚上成"丁"字步，如图5-9所示。

图5-8　V字步站姿

图5-9　丁字步站姿

● 男士站姿。身体立直，右手握左手、两腿展开、两脚平行，可与肩同宽，但不得超过肩宽，如图5-10所示。

正确的站姿会给人以挺拔笔直、舒展俊美、庄重大方、精力充沛、信心十足、积极向上的印象。

（2）坐姿

志愿者坐姿的要求是：上身挺直，双肩平正，两臂自然弯曲。双手置于双腿或桌面上，如图5-11所示。

（3）蹲姿

志愿者下蹲时，双腿不并排在一起，而是左（右）脚在前，右（左）脚稍后。左（右）脚应完全着地，小腿基本上垂直于地面；右（左）脚则应脚掌着地，脚跟提起。此刻右膝低于左膝，膝内侧可靠于小腿的内侧，形成左膝高右膝低的姿态。臀部向下，基本上用后腿支撑身体，如图5-12所示。

图5-10　男士站姿

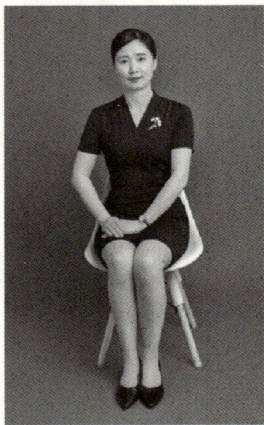

图5-11　坐姿展示

图5-12　蹲姿展示

（4）手势

手势是在志愿服务总常用的动作，是具有表现力的一种"体态语言"，"心有所思，手有所指。"手的魅力并不亚于眼睛，甚至可以说手就是人的第二双眼睛。手势的含义，或是发出信息，或是表达感情，能够恰当地运用手势表情达意，会为形象增辉。

● 向上式（以右手为例）：标准（"V"字步、"丁"字步）站姿，将五指伸直并拢，手背和小手臂在一条直线上，手心不要凹陷，手心向斜上方，手掌高度不要超过头顶，如图5-13所示。

● 左右式（以右手为例）：标准（"V"字步、"丁"字步）站姿，五指伸直并拢，与地面成45度，大手臂与小手臂成120度～150度，向右指示，如图5-14所示。

图5-13 向上式的手势

图5-14 左右式的手势（以右手为例）

● 斜下式：主要用于请座。标准（"V"字步、"丁"字步）站姿，五指伸直并拢，与地面成45度，大手臂与小手臂成180度，向右下方指示，如图5-15所示。

● 多请式：用于大型场合，请所有被服务者座下。标准（"V"字步、"丁"字步）站姿，五指伸直并拢，与地面成45度，身体适当前倾，如图5-16所示。

图5-15 斜下式手势

图5-16 多请式手势

（5）其他情况的仪态运用。志愿者在对座轮椅或身材矮小人士（如小朋友）进行志愿服务沟通时应采用蹲姿。给外籍人士提供志愿服务时，手势服务用右手。

三、志愿者与被服务者沟通时使用合适称呼

志愿者在服务过程中，选择正确、适当的称呼，不仅反映着自身的教养和对被称呼者的尊重，而且在一定程度上还体现着彼此双方之间关系的亲疏。从某种意义上讲，当一个人称呼另外一个人时，实际上意味着自己主动地对彼此之间的关系进行定位。

（1）要想对他人采用正确、适当的称呼，通常须遵循符合常规，区分场合，考虑双方关系，入乡随俗这4项原则。

（2）志愿服务大体上可分为下述5类称呼。

- 职务性称呼。例如，董事长、总经理、主任等。
- 职称性称呼。例如，总工程师、会计师等。
- 学术性职称。例如，博士。
- 职业性称呼。例如，老师、医生、警官等。
- 亲属性称呼。例如，叔叔、阿姨等。

以上称呼，如知道对方姓氏，可以加上姓氏。如：黄老师、王经理、李医生等。

四、志愿者礼貌用语

1. 五言十字

（1）问候语："您好！"

（2）请求语："请。"

（3）致谦语："对不起。"

（4）致谢语："谢谢！"

（5）道别语："再见。"

2. 接待"五声"

（1）来有迎声。

（2）问有答声。

（3）去有送声。

（4）关键时有提醒声。

（5）得到帮助时有感谢声。

3. 禁忌"四语"

（1）不尊重的蔑视语。

（2）缺乏耐心的烦躁语。

（3）自以为是的否定语。

（4）刁难他人的斗气语。

五、志愿者服务禁忌

（1）无论用点头、手势还是眼神，打招呼都应该看着对方的脸，面带微笑。

（2）切忌在双方相距太远的地方高声叫喊，尤其是在公共场所。

（3）向对方打招呼时，注意自己的举止。

（4）对于少数民族及外宾要注意习惯、文化等差异。

5.11 国际交往礼仪

> **学"礼"**
>
> 在对外交往活动中，有关部门和人员应当熟悉国际交往礼仪，按照国际惯例和中国优良的礼仪传统，组织好迎送工作和宴请活动，妥善安排会见与会谈，重视国际礼宾次序，从而增进中国人民与世界各国人民的友好情谊。

5.11.1 迎送礼仪

迎来送往，是外事活动中的2个重要环节。有关部门和人员应认真做好接待准备工作，举行周到的迎送仪式，使来宾高兴而来、满意而归。

一、接待准备

外国贵宾来访前，有关部门和人员应事先做好接待准备工作。访问有正式访问（又称国事访问）、非正式访问、工作访问、私人访问、顺道访问、过境访问等。来访者若为国宾（如国家元首、政府首脑），则是正式访问，接待准备工作应当更加周密、细致。

二、成立接待小组

为了接待好贵宾和重要的代表团，东道主一般都要成立一个接待小组。

三、收集来访者的信息

首先，为了安排好接待工作，有关部门和人员要了解来访者对本次访问的具体要求，包括会谈内容、参观访问的愿望、往返路线及交通工具、抵离时间等。此外，有关部门和人员还须了解来访者的生活习惯、饮食爱好与禁忌等。有的国家还会索取来访者的血型和健康资料等。

其次，有关部门和人员要向对方索取来访者的简历和近期照片，请对方提供国歌乐谱、国旗旗样及制作说明等。此外，有关部门和人员还要收集来访者所在国的代表乐曲，供宴会上演奏席间乐或晚会演出使用。

最后，有关部门和人员可请对方尽早提供按礼宾顺序排列的、注明各人职务和性别的全体来访者名单，以便妥善、周到地为他们安排住处、交通工具等。

四、拟订接待方案

接待方案包括接待规格及各项主要活动的安排。日程确定后，有关部门和人员要酌情将其译成客方使用的文字并打印好，届时与客方进行沟通。

5.11.2 迎送仪式

迎送仪式是国际交往中迎来送往的礼宾仪式，根据国际惯例已经形成一整套规范的程序。现择要简介如下。

一、正式迎送礼式

来访国领导人抵达或离开邀请国时，通常都会举行正式的迎送仪式。举行迎送仪式的场所应铺红地毯，悬挂两国国旗。

1. 迎接
当来访国领导人抵达时，邀请国领导人应迎上前去，与之握手，双方互致问候。

2. 献花
当两国领导人握手之后，由儿童或女青年向主宾献花。有的国家还会由女主人向女宾献花。

3. 互相介绍

宾主见面时应互相介绍。通常先由主方礼宾人员、翻译人员或职位最高者将迎接人员介绍给来宾，应按照职位从高到低的顺序进行介绍。然后，来宾向主方介绍客方人员。

随后，陪同团团长等陪来宾乘车前往宾馆下榻。

来宾离开时，主方到宾馆话别，由陪同团团长等前往机场（车站、码头）送行。

二、一般迎送

对于普通代表团和人员的访问，一般不举行迎送仪式。但是，对应邀前来的访问者，无论是官方人士、专业代表团，还是民间团体、知名人士，在他们抵离时，有关方面均应安排相应人员前往机场（车站、码头）迎送。对于长期在本国工作的外国人士、外交使节、外国专家等，当他们到任或离任时，有关方面亦应安排相应人员迎送。

5.11.3 会见与会谈

一、会见与会谈的特点

（1）会见在国际上一般区分接见或拜会。凡身份高者会见身份低者，一般称为接见；而身份低者会见身份高者，一般称为拜会。我国一般不作上述区别，统称会见。

（2）按会见的性质分，有礼节性的、政治性的、事务性的会见，或兼而有之。其中，礼节性会见时间较短，话题较为广泛；政治性会见一般涉及双边关系、国际局势等重大问题；事务性会见一般涉及外交、经贸、科技文化交流等。

（3）东道国和来访者（包括常驻外交使节等）都可酌情提出会见的要求。从礼节和两国关系上考虑，东道国应根据来访者的身份及来访目的，在来访者抵达的当日或次日安排相应的领导人和部门负责人会见。来访者也可根据国家关系，以及本人身份和业务性质，主动提出会见东道国领导人和部门负责人。

（4）会谈是指双方或多方就某些重要问题及其他共同关心的问题进行磋商，交换意见。一般来说，会谈的专业性较强。

（5）来访者若是正式访问或专业性访问，宾主则应安排相应的会谈。

二、会见与会谈的座位安排

1. 会见的座位安排

会见宜在比较宽敞的场所进行。会见的座位安排有多种形式，有宾主各坐一方的，也有宾主穿插坐在一起的。但通常安排主宾、主人坐在面对正门的位置，主宾座位在主人右侧，其他客人按礼宾顺序在主宾一侧就座，主方陪见人在主人一侧就座，翻译人员、记录人员通常坐在主人和主宾的后面。

2. 会谈的座位安排

会谈分为双边会谈与多边会谈。双边会谈通常用长方形或椭圆形桌子，多边会谈通常用圆形桌子或将多个桌子摆成方形。会谈时，会谈桌上放置与会国国旗，摆放座位卡，以便与会者对号入座。

双边会谈时，宾主相对而坐，以会场正门为准，客人面对正门，主人背对正门。主谈人居中，翻译人员可坐在主谈人右侧，但有的国家会让翻译人员坐在主谈人的后面，一般应尊重各个国家的安排。其他人按礼宾顺序左右排列。

三、会见与会谈的程序

会见与会谈的程序大体一致，以会见为例，具体如下。

1. 会见方先将要求会见人的姓名、职务、会见的目的告知接见方，接见方应尽早给予回复。如因故不能接见，应婉言解释。

2. 会见方收到待见方有关会见的时间、地点、出席人员、具体安排及有关注意事项通知后应与接见方确认相关信息，并通知已方有关出席人员。

3. 一般会见方到达会场时，接见方会安排人员在门口迎候。

4. 会见方、接见方合影，要事先排好合影图，人数众多时应准备架子。合影时，接见方和会见方身份最高者居中，以接见方身份最高者右侧为上，按礼宾次序，双方间隔排列。第一排人员既要考虑身份，又要考虑能否都摄入镜头。通常安排接见方人员站在两端。合影时间宜安排在双方寒暄、握手后。

5. 领导人之间的会见、会谈，除陪见人和必要的翻译、记录员外，其他工作人员安排就绪后均应退出。如允许记者采访，也只是在正式谈话开始前采访几分钟，然后一起离开。在谈话过程中，旁人不能随意进出。

6. 会见或会谈结束时，接见方应送会见方至车前或门口握别，目送离去后，再退回室内。

一般官员、民间人士的会见，安排大体同上，会见方也需事先申明来意，约妥时间、地点后再准时赴约。礼节性的会见，会见方不宜逗留过久，半小时左右即可告辞。

四、约请与应邀

诸如会见、宴请等外事活动，主方要事先约请客方，而客方应及时答复是否应邀。

1. 约请

约请是外事活动中的重要环节，丝毫不能马虎。

（1）口头约请

口头约请即当面或打电话将活动目的、时间、地点告诉对方。

（2）书面约请

书面约请分为发请柬（亦称"请帖"）与发便函两种。发请柬既表示对客方的尊敬，也表明主方的诚意和郑重态度。

请柬一般提前1周～2周发出，以便客方及早安排。已经口头约定的活动，补送请柬时，在请柬右上方或下方注上"备忘"字样；需安排座位的活动，请柬上一般注上"请答复"字样；如果只需要不出席者答复，则可注上"因故不能出席者请答复"字样。

请柬内容包括活动的目的、名义、时间、地点等。中文请柬行文通常不加标点符号，所提到的人名、单位名、节日名称等都应用全称。中文请柬行文中不提客方人员姓名（姓名写在请柬信封上），主方人员姓名（如以单位名义邀请，则用单位名称）放在落款处。请柬可以印刷，也可以手写，字迹应美观、清晰。

中文请柬格式如下。

为庆祝×××谨定于××年×月×日（星期×）下午×时在×××××举行招待会。

敬请

光临

×××

（主方人员姓名）

　　（请进×门）

请柬信封上客方人员的姓名、职务等要书写准确。若所举办活动对服装有要求，应在请柬信封上注明着正式服装还是便服。如已排好座次，应在请柬信封下方注明。

便函多用于非正式活动，起通知作用。

（3）约请应做的工作

- 确定活动目的、邀请范围，注意客方同主方是否有矛盾。
- 确定活动时间、地点。选择时间时要考虑客方的习俗。
- 举办宴会，注意客方的饮食禁忌。
- 布置会场，安排座次。
- 及时发出请柬或便函。

2. 应邀

应邀是客方接到邀请后做出的反应，应讲究有关礼仪。

（1）及时答复

客方接到邀请后，不论是否接受主方的约请，都应及时作答。客方可给予书面答复，也可以口头答复；若因故不能赴约，应婉言说明。

（2）应邀注意事项

- 核定邀请范围，是否携带夫人、子女；留意服装等的要求。
- 若应邀参加节日、生日庆贺活动，应准备鲜花等礼品；若应邀参加自费聚会，应带钱前往。
- 到达现场后，应主动与站在门口迎接的主方或工作人员打招呼。
- 入座前看准自己的座次，不是主宾不要坐在主宾座位上。
- 活动结束时向主方告别，并酌情与周围的人话别。

3. 抵达

抵达宴请地点后，客方应先到衣帽间脱下大衣、帽子，然后前往迎宾处，主动向主方问好，并根据活动内容对其表示祝贺等。

4. 赠花

赴宴时，客方可按宴请性质和当地习惯赠送花束或花篮。赴家宴时客方可酌情赠送女主人少量鲜花。

5. 入座

进入宴会厅之前，客方要先了解自己的桌次和座位，入座时应进行核对，不要随意乱坐。如邻座是长者或妇女，应主动为其拉开椅子，协助他们先坐下。

6. 进餐

入座后，主方招呼，客方即开始进餐。主方招呼的方法是将餐巾拿起来，意为"可以用餐了"。客方可用餐巾擦嘴，但不可用其擦汗或抹桌子。

若要临时离开，应把餐巾放在座椅上。用餐完毕后，应把餐巾放在桌子上。

取菜时，不要盛得过多；盘中食物吃完后，如不够，可以再取。如由服务员分菜，遇到不爱吃的菜，可取少量放入盘内；对于不合口味的菜，不要显露出难堪的表情。

进餐时要文雅，应闭着嘴细嚼慢咽，不要舔嘴唇或咂嘴发出声音。如汤、菜太热，待稍凉后再食用，不要用嘴吹。对于吃剩的菜，用过的餐具、牙签等，都要放入骨盘内，勿直接置于桌上。剔牙时，要用手或餐巾遮口。

进餐过程中，如果不慎或用力过猛，使刀叉撞击盘子而发出声响，或餐具掉落到地上，或打翻酒水等，应沉着冷静。若餐具碰撞发出声音，可轻轻说声"对不起"。餐具掉落后，可请服务员另送一套。酒水溅到邻座身上，应向其道歉并协助其擦干；如对方是女士，则应递上干净的餐巾或手帕，由她自己擦干。

7. 宽衣

在宴会上，无论天气多么炎热，客方都不能当众解开纽扣、脱下衣服。在小型便宴上，如主方请客方宽衣，男宾可脱下外衣搭在椅背上。

8. 纪念物品

有的主方会为每位出席者准备纪念物品，宴会结束时会招呼客方带上。除主方特别示意作为纪念品的东西外，对于各种招待用品，客方都不要顺手带走。

9. 致谢

出席私人宴会之后，客方应在3日内致便函或名片对其表示感谢。

≋ 本章小结

本章主要介绍了师学礼、同窗礼、敬学礼、见面拜访礼、待客之礼、公共场所礼仪、通信礼仪、职场礼仪、志愿者礼仪、国际交往礼仪。通过对本章的学习，读者能够有以下收获。

（1）树立尊师重道的观念，促进师生关系、同学关系的发展，营造良好的学习氛围，端正学习态度。

（2）了解见面拜访需遵守的礼节，掌握握手、递接名片、做介绍的礼仪规范。

（3）树立良好的公民形象，增强公德意识，掌握在公共场所中应当遵守的礼仪规范。

（4）了解使用现代通信工具的礼仪，掌握现代通信中沟通的注意事项。

（5）树立职业形象，帮助职业发展，促进职场关系和谐。

（6）树立志愿者形象，了解志愿者应当具备的品质及综合素养。

（7）展现国际形象、促进外事交往。

（8）在各个场合中都能展现礼仪风采，促进社会关系的良好发展。

延伸阅读

一、以右为尊还是以左为尊

古代中国，以"左"为尊还是以"右"为尊并不是一成不变的，不同的朝代存在着不同的规定。

周、秦、汉时，我国以"右"为尊，故皇亲贵族称为"右"戚，世家大族称"右族"或"右姓"。右尊左卑还表现在住宅上，豪门世家必居市区之右，平民百姓则居市区之左。

古时官场座次尊卑有别，十分严格。官高为尊居上位，官低为卑处下位。古人尚右，以右为尊，"左迁"即表示贬官。

至于在交际场合，其座次则以左为尊。因为古人坐北朝南，则左为东，右为西，故座次上以"左"为尊。《史记·魏公子列传》载，信陵君为迎接夷门侯生，大办酒宴会宾客，并"从车骑，虚左"，亲自前去迎接。

从东汉至隋唐、两宋，我国又逐渐形成了左尊右卑的制度。在这个时期，左仆射的地位高于右仆射，左丞相的地位高于右丞相。元朝建立后，一改旧制，规定以右为尊，当时右丞相的地位在左丞相之上。

朱元璋建立明朝，复改以左为尊，此制为明、清两代沿用了500多年。现在戏剧舞台上上演古典剧目，客人、尊长总是坐在主人、幼辈的左侧，这反映出明朝崇尚"左"的礼仪。

到了现代，餐席上以右为尊，而会议、合影等的位置安排以左为尊。在国际上，则通常以右为尊。

二、遗忘的名片

某公司新建的办公大楼需要添置一系列办公家具，价值数百万元。该公司的总经理已做了决定，向A公司购买这批办公家具。这天，A公司的销售部负责人打电话来，要上门拜访这位总经理。总经理打算，等对方来了，就在订单上盖章，定下这笔生意。

不料对方比预定的时间提前了2个小时，原来对方听说这家公司的员工宿舍也将在近期落成，希望员工宿舍需要的家具也在A公司购买。为了谈这件事，该销售部负责人还带来了一大堆资料，摆满了台面。

总经理没料到对方会提前到访，刚好手边又有事，便请秘书让对方等一会儿。这位销售部负责人等了不到半小时，就开始不耐烦了，一边收拾资料一边说："我还是改天再来拜访吧。"总经理发现对方在收拾资料准备离开时，将自己刚才递上的名片不小心掉在了地上，且并没发觉，走时还无意从名片上踩了过去。后来，总经理改变了初衷，A公司不仅没有谈成员工宿舍的设备购买，连几乎到手的数百万元办公家具的生意也没了。

三、周到的安排

A市经济部门的领导和工程技术人员先后3次来到B市洽谈项目，B市把接待任务交给接待处周主任和小李。周主任和小李每次接到任务，一面拟出接待方案呈领导审批，一面到宾馆、车队联系安排好食宿、车辆。客人到达前，周主任和小李一一检查落实并填好住房卡，领好房门钥匙，等候迎接客人。客人到达后周主任和小李即引领客人进客房并介绍有关情况和询问客人需办的事宜。到开饭时间，周主任和小李引领客人进餐厅。客人要离开B市时，周主任和小李事先陪客人到宾馆总台结账并及时送站。每次都在工作和生活上为客人提供方便。后来，该项目签订了协议，A市在B市投资达1000万元，年产值1.5亿元。而且，客人对B市周到的接待工作十分感谢。他们说："我们到B市好像到了家里一样""你们热情周到的接待，使我们看到B市同志办项目的诚心和决心。项目的签订，有你们的一份功劳。"

顾名思义，接待工作就是迎来送往，为宾客做好服务工作，使宾客称心满意。热情周到、善始善终是接待工作的基本要求。同时，接待工作要有条不紊，切忌有头无尾，缺少章法。周主任和小李深谙接待工作的精要，他们接到任务之后没有慌张忙乱，而是首先弄清情况，按有关规定做好食宿安排、迎送车辆准备工作，同时拟出完整的接待方案报领导审批，然后按领导审批后的方案一一加以落实；客人到达后，及时等候接送，并详细地给客人介绍当地的情况。由于他们出色的接待工作，客人感到宾至如归，消除了身在异地的感觉，主客关系十分融洽，犹如一家人。

练习一：单选题

1. 俗话说"一日为师，终身为父"，对待老师我们要（　　　）。

   A. 言听计从　　　　　　　　　　B. 高声争辩

   C. 行为随意　　　　　　　　　　D. 言行均表示尊重

2. 男女握手顺序是（　　　）先伸手。

   A. 女士　　　　　　B. 男士　　　　　　C. 都可以　　　　D. 同时

3. 关于握手礼，以下正确的是（　　　）。

   A. 左手握手　　　　　　　　　　B. 戴皮手套握手

   C. 力度适中　　　　　　　　　　D. 握手时间越长越好

4. 人与人交往不仅需要相互尊重，还要懂得（　　　）。

   A. 亲密无间　　　　B. 交往适度　　　　C. 甜言蜜语　　　D. 经常来往

5. 在公共场所中，以下做法正确的是（　　　）。

   A. 大声打电话　　　B. 嬉闹　　　　　　C. 排队　　　　　D. 垃圾随手扔

6. 电话响起，接电话第一句话是（　　　）。

   A. 喂　　　　　　　　　　　　　B. 您好，我是××

   C. 谁呀，有什么事　　　　　　　D. 等对方先说

7. 面试时回答面试官的问题，以下正确的做法是（　　　）。

   A. 有理有节　　　　　　　　　　B. 胡编乱造

   C. 能吹嘘尽可能吹嘘　　　　　　D. 傲气十足

8. 志愿者在做志愿工作时应该（　　　）。

   A. 漫不经心　　　　B. 有问必答　　　　C. 趾高气扬　　　D. 无所谓

9. 交谈是一项很有技巧的商务活动形式，交谈得好会对商务活动有很大的促进作用，因此在商务活动中，你应该（　　　）。

   A. 充分发挥自己的能力，滔滔不绝

   B. 多向对方提问，越多越好，以获得更多的商务信息

   C. 表情自然，和蔼可亲，注意避讳一些不当的问题

   D. 少讲话或不讲话，以显得自己稳重或不让对方得到太多信息

10. （　　　）是志愿者精神的精髓。

   A. 团结　　　　　　B. 友爱　　　　　　C. 奉献　　　　　D. 互助

练习二：讨论与分享

1. 待客与做客的礼仪要求有哪些？

2. 分组讨论，下面3种差错出现的原因是什么？如何在接待过程中避免这些失误？

[镜头一] 某大学孙教授打长途电话给某市饭店，告知自己接受邀请，明天飞抵该市，前来为饭店讲课，并请对方届时到机场接一下。该饭店秘书小齐接了电话，满口答应。但当孙教授走出机场时，他左右环顾，发现无人接站，静等了十几分钟，仍无人前来，只能叫出租车去饭店。孙教授前往总台登记，问起总台是否知道他来店。前厅经理说："知道，已安排好了。"孙教授奇怪地问："怎么没有人来接站？"前厅经理连忙道歉，说"忘了"。事情是这样的，齐秘书打电话给前厅经理，叫他安排孙教授食宿，又叫前厅经理转告车队派车去接站。当时总台客人很多，前厅经理匆匆安排了孙教授的住房后，忘记转告派车的事了。

[镜头二] 餐厅预定部接到客人打来的电话，要在4天后预定3桌酒席，标准是每桌1000元。4天后，客人陆续步入餐厅，宾客满座。迎宾小姐上前询问，客人说酒席已预定了，一看记录，没有。客人把餐厅经理叫来，一核对发现搞错了，听电话的接待员把"4天后"听成了"10天后"。客人愤然离去，说再也不会到这家酒店来吃饭了。

[镜头三] 一旅游团队夜间涌入饭店，饭店公关部人员趋前迎接。他们在与领队的交谈中得知，因气候原因，原定明天的飞机改为火车，且要提早出发；原计划中的早餐改为带盒饭上路。第二天清晨，领队去取盒饭，餐厅说不知道，根本没准备。值夜班的经理说："有这么回事。公关部通知我是明天中午带盒饭。"客人极不满意地赶火车去了。事后，公关部经理与餐饮部经理为交谈中说的是"早餐"还是"午餐"争得面红耳赤。

练习三：案例分析

案例1：

小李遇见一位他特别敬重的专家，这位专家正在和其他人谈话。小李想，在这么多人面前，应该更加表示自己对专家的尊敬。于是在握手时，他用左手盖在对方手背上，以示亲密，并长时间握住专家的手不放，还寒暄了几分钟。

> ♀ |分析|
>
> 小李的行为合乎礼仪吗？他应该怎样做？

案例2：

敬语缘何招致不悦

一天中午，一位住在某饭店的外国客人到饭店餐厅去吃饭。走出电梯时，站在电梯口的一位女服务员很有礼貌地向客人点点头，并且用英语说"先生，您好"。客人微笑地回道："你好，小姐。"当客人走进餐厅后，引领员发出同样的一句"您好，先生"。这位客人微笑着点了一下头，没有开口。客人吃好午饭后，顺便到饭店的庭院中走走，当走出内大门时，一位男服务员又是同样的一句话："您好，先生。"

这时客人下意识地点了一下头了事。等到客人重新走进内大门时，见到的仍然是刚才那个服务员，"您好，先生"的声音又传入客人的耳中，此时这位客人已感到不耐烦了，默默无语地径直去乘电梯准备回房间休息。恰好在电梯口又碰见那位女服务员，自然又是一成不变的套话："您好，先生。"客人实在不高兴了，装作没有听见的样子，皱起了眉头，而这位女服务员却是丈二和尚摸不着头脑！

这位客人在离店时，写给饭店总经理一封投诉信，信中写道："……我真不明白饭店是怎样培训员工的，在短短的中午时间内，我遇到的几位服务员都千篇一律地简单重复一句话'您好，先生'，难道他们不会使用其他的语句吗？"

⚘ | 思考 |

如果你是饭店工作人员，你觉得怎么做才能让客人体会到"用心服务"？

人之寿夭在元气，国之长短在风俗。

—— 苏轼

第6章

仪式礼仪

★ **本章要点**

1. 古人"字"的含义和意义。
2. 成人礼的意义和成人礼仪式的基本流程。
3. 中国传统节日和现代节日的内涵。
4. 人生礼仪的内涵。
5. 二十四节气的内涵。

⏱ **学习目标**

1. 掌握"名"与"字"的含义和使用。
2. 理解"成人礼"的意义及"成人"的含义，了解成人礼仪式的基本流程。
3. 了解中国传统节日和现代节日的内涵。
4. 了解3个人生礼仪——诞辰、婚姻、丧葬的习俗及内涵。

悬弓挂帛

中国是礼仪之邦，人们讲究礼尚往来，诸事以礼行之。例如，《礼仪·内则》中记载："子生，男子设弧于门左，女子设帨于门右。"这里的"弧"是指弓，"帨"是指佩戴在身上的手绢。这句话的意思是，生下男孩就在家门左边挂一把弓，生下女孩就在家门右边挂一条手绢。

弓箭是古代民俗文化的重要象征，古代男子从小要学习骑马射箭，且提倡左为尊、右为卑，所以在门左悬挂弓箭意味着新生儿是男孩。在古代，女人分娩时不能受到惊扰，孩子"洗三"之后才能抱出产房，门上悬挂弓箭或手绢，向人们传递新生儿是男是女的信息，这种仪式被称作"悬弓挂帛"。同时，这种方式也能提醒货郎、铁匠及携带响器的人保持安静，以免惊扰产妇和婴儿。

思考 ❓

"悬弓挂帛"有哪些含义？你知道在你的家乡有哪些习俗？

案例引申 ⌁

民俗文化是传统文化的重要组成部分，是民众的风俗生活文化，也是一个国家、民族、地区中集居的民众所创造、共享、传承的风俗生活习惯。经过时间的沉淀，这些习惯也逐渐成为人们交际的规范。

6.1 成人礼

学"礼"

清代名相魏裔介道："治天下，以正风俗、得贤才为本。"意思是：治理天下以端正社会风俗，得到贤能的人才为根本。所以，风俗之于社会、国家，如清代思想家顾炎武所说："风俗者，天下之大事。"

6.1.1 古人的"字"

古人有字，起源于商朝，盛行于周朝，后来成了一种制度。直到近代，字仍然被许多知识界和文化界的人使用，如胡适字适之，孙文字载之。字是指个体在本名以外所起的表示其德行或本名意义的名字。古代男子20岁，女子15岁，便会行冠礼、笄礼，表示已成人，受成人之尊，这时不便直呼其名，故另取一与本名含义相关的别名，称为字，以表其德。凡人相敬而呼，必称其表德之字。

古人名是名，字是字，各有用途。古人一诞生就起名，成人后则有字、号；死后有谥号。《礼记·檀弓上》："幼名，冠字，五十以伯仲、死谥，周道也。"名，是在社会上使用的个人符号。自称用名，称人以字。字往往是名的解释和补充，是和名相表里的，所以又叫"表字"。

古人的"名"和"字"有意义相同的，如东汉创制地动仪的张衡字平子，其名中的"衡"就是"平"的意思。古人"名"和"字"有意义相辅的，如宋代作家晁补之字无咎（"咎"是过错），因能"补过"才能"无咎"。古人另有"名"和"字"是意义相反的，如南宋理学家朱熹字元晦，元代书画家赵孟頫字子昂，他们的"名""字"中的"熹"与"晦"、"頫（俯）"与"昂"都是反义的。古人也有"名"和"字"取自古书古典的，如曹操字孟德，《荀子》中有"夫是之谓德操"句。古人的"名"和"字"还常用来表示在家族中的行辈。先秦时，古人常在名、姓前加伯（孟）、仲、叔、季以表示兄弟长幼，如伯夷、叔齐，伯是兄，叔是弟；孔丘，字仲尼，"仲"就是老二。汉代以后，古人逐渐在"名"或"字"中用同样的字或偏旁表同辈关系，如宋代文学家苏轼、苏辙兄弟共用偏旁"车"表同辈。

6.1.2 ▶ 学以成人

学以成人，关键是以学为先，塑造完整人格气质（详见第3章"气质修炼"）。学以成人指用学习的方法让自己不断成长、完善，成为完整的人，养成衣着得体、恭谦礼让、志存高远的人格，进而成为优雅得体、积极向上的成人。

学以成人，强调知行合一，知而后行。实践可以体现价值，是展现品格的手段，人格的塑造在实践中积淀形成，同时也指引着我们如何去实践。

6.1.3 ▶ 成人礼仪式

成人礼是为承认年轻人具有进入社会的能力和资格而举行的人生仪礼。

在世界上的许多原始民族中，成人礼是一个人由个体走向社会的一道必不可少的程序，有的过程十分隆重而且带有考验的性质。我国一些少数民族的成人礼在这个方面还有比较明显的保留。行成人礼，代表行礼人从此脱稚成形、行礼明德、立志成人。

一、传统成人礼仪式

1. 冠礼

传统社会中，汉族人的成人礼一般是指男子20岁行冠礼（故后世将20岁称作"弱冠"），即20岁时，由主持仪式者为男子戴3次帽子，称为"三加"，分别为"缁布冠"（布做的帽子）、"皮弁"（皮做的帽子）、"爵弁"[宽八寸，长一尺二寸，如爵形，前小后大，无旒（即冕冠前后悬垂的玉串）]。爵弁（见图6-1）是次于冕的一种冠，色似雀头，赤而微黑，用于祭祀，象征加冠者从此有了治人的权利、服兵役的义务和参加祭祀活动的资格。传统冠礼中还有"命字"，即由嘉宾为加冠者取新的字号，加冠者从此有了新的名字。

图6-1　爵弁

2. 笄礼

女子在15岁时要行笄礼（笄是古代束发用的簪子，笄礼是行束发插簪的仪式），但其规模比冠礼小得多，主要是由女性家长为行笄礼者改变发式，即把头发绾起来，插上簪子，表示行笄礼者从此结束少女时代，可以嫁人了。

在现代民间，这种传统意义上的成年礼大多已与婚礼或幼子养育习俗相结合。

二、现代成人礼仪式

现代人举办成人礼的年龄，不论男女都是18岁。有的学校会举行集体的成年宣誓仪式，主要强调青年人的成年意识及家庭责任、社会责任担当。

以下介绍现代成人礼仪式的主要流程和内容（具体操作可根据实际情况加以调整），其主旨是让受礼人明确成人过程中正容、知礼、立志等内容。

1. 准备活动

（1）筮日。即定日期。日期可定在受礼人生日或对其有重要意义的日子。（注：春节、中秋节、清明节不适合行礼——春节、中秋节是家人团聚的日子，不宜请人来参加；清明节主祭祀，与主题不相符，家庙无法两用。）

（2）筮宾、戒宾，即确定参礼人员，并以请帖或各种通信方法邀请参礼人员。对于正宾，宜由父母提前3日（最晚提前1日）登门邀请。

参礼人员一般包括如下人员。

● 加冠者（男子成人）和及笄者（女子成人）。

● 主人：仪式的主要参与者，替加冠者和及笄者加冠和及笄，一般为双亲。

● 正宾：仪式的参与者，在加冠或及笄以后下台祝贺加冠者或及笄者并进行醮礼（以水代酒互敬），一般是有德才的长辈。

● 赞礼：仪式主持人，协调仪式进程，解说仪式内容。

● 赞者：助手，协助主人加冠和及笄，协助正宾行礼，一般为加冠者、及笄者的好友、兄弟姐妹。

● 探者：助手，为来宾盥洗。

● 执事：助手，仪式期间用托盘送物。

● 有司：为加冠者、及笄者托盘的人。

● 观礼者若干。

（3）器物陈设，包括场地、服制、礼器、音乐等。

● 场地：建议选择庄严肃穆、安静开阔、文化气息重的场地，如孔庙、学校等。

● 服制：可选用汉服。

● 礼器：盥（用普通的盆加水，备毛巾及温和的洗手液即可）。

● 音乐："礼者，天地之序也；乐者，天地之和也。"华夏的礼乐文明是一个整体，礼乐不可分。整个仪程中当然少不了丝竹管弦，可选择高雅的古曲，如《高山流水》等；选择古琴、古筝等乐器最好。

2. 陈设

陈设即仪式场地布置，主要设行礼位（需摆放轩辕黄帝或孔子画像）、主人位、主宾位、加冠者或及笄者席（位）、观礼席等。

3. 仪式流程

（1）迎宾。主人站立等候宾客；有司托盘站立；客人立于场地外等候；加冠者、及笄者着汉服等候，音乐演奏开始。

（2）就位。正宾来到，主人上前迎接，相互行正规揖礼后入场，主宾落座于主宾位；客人就座于观礼位；宾客都落座后主人才就座于主人位。

（3）开礼。赞礼开场唱："××行成人冠礼/笄礼，感谢各位宾朋的光临！下面，××成人礼正式开始！"（稍顿片刻）再唱："请××入场拜见各位宾朋！"

（4）加冠者/及笄者就位。赞者先走出来，以盥洗手，就位；加冠者/及笄者走出来，至场地中，面向观礼宾客行正规揖礼，然后正坐在加冠者或及笄者席上。

（5）宾盥。正宾洗手做准备。正宾先起身，主人随后起身相陪。正宾以盥洗手，拭干。正宾与主人相互行正规揖礼后各自归位就座。

（6）加冠/及笄。加冠者/及笄者正坐，有司奉上冠或发笄，主人走到加冠者或及笄者面前，然后为加冠者加冠或为及笄者梳头加笄，然后起身，回到原位。赞者为及笄者象征性地正笄。加冠者/及笄者起身，正宾向加冠者/及笄者作揖、行醮礼以示祝贺。

（7）三拜。加冠者/及笄者端坐，赞礼唱："加冠者/及笄者三拜。"音乐停止，全场肃静。赞礼唱："加冠者/及笄者拜父母，感念父母养育之恩。"加冠者/及笄者面向父母，庄重地行拜礼。赞礼唱："加冠者/及笄者拜师长，勉力求学、发奋进取。"加冠者/及笄者面向正宾，庄重地行拜礼。赞礼唱："加冠者/及笄者拜轩辕黄帝（或孔子）像，传承文明、报效祖国。"加冠者/及笄者面向轩辕黄帝（或孔子）像，庄重地行拜礼。选取一人为代表诵读成人誓词。

（8）聆训。赞礼唱："聆训。请主人向加冠者/及笄者示训辞。"主人起席，到加冠者/及笄者席前；加冠者/及笄者端坐，面向主人。主人示训，训辞自定（建议内容紧扣祝贺成人、提醒今后应担负的家庭和社会责任、鼓励成长等）。加冠者/及笄者对曰："儿虽不敏，敢不祗承。"然后向主人庄重地行拜礼。

（9）拜有司众宾。赞礼唱："加冠者/及笄者拜有司及众宾。"正宾、赞者、执事排成一列，加冠者/及笄者向其行拜礼，然后分别向场地两边的众宾行拜礼。众皆答礼。

（10）礼成。赞礼唱："××（加冠者/及笄者的姓+加冠者/及笄者的字）冠礼/笄礼成。"加冠者/及笄者携主人向所有参礼人员分别行揖礼，顺序为众宾、摈赞执事等。众皆答礼。

至此，冠礼/笄礼结束。

6.2 庆典礼

学"礼"

我国自古就有庆典礼，很多流传至今，沉淀为中华文化重要的组成部分。也有随着社会发展产生的新的庆典礼，它们也是我国文化的重要组成部分。

6.2.1 节庆礼仪

一、中国传统节日

1. 元旦

元旦在古代亦称"元日"。据说以农历正月为元，初一为旦。中国古代历代的元旦日期不尽一致。

- 夏朝的夏历以孟喜月（元月）为正月，即元月初一为元旦。
- 商朝的殷历以腊月（十二月）为正月，即十二月初一为元旦。
- 周朝的周历以冬月（十一月）为正月，即十一月初一为元旦。
- 秦始皇统一中国后，以阳春月（十月）为正月，即十月初一为元旦。
- 汉武帝太初元年，司马迁创立了"太初历"，又以正月初一为元旦，和夏朝规定一样，所以"太初历"又称"夏历"。

辛亥革命后，农历正月初一称春节，把阳历1月1日称为新年。1949年9月27日，中国人民政治协商会议第一届全体会议通过决议，中华人民共和国纪年采用公元纪年法，将公历（阳历）1月1日正式定为元旦，农历（阴历）正月初一定为春节。

中国历代不乏关于元旦的古诗词。例如，北宋著名政治家、文学家王安石的佳作《元日》，生动地描述了古时人们欢庆元旦的热闹情景。

爆竹声中一岁除，春风送暖入屠苏。

千门万户曈曈日，总把新桃换旧符。

如今，元旦已成为全国性的欢乐节日。祖国各地张灯结彩，欢庆元旦。家家户户收拾得干干净净。亲友通过各种方式互致问候，大家都沉浸在节日的欢乐气氛中。

2. 春节

春节是中国隆重的传统节日。春节持续时间长，过去一般从农历十二月二十三日（俗称"小年"）到正月十五日。其内容丰富多彩，主要有过小年、祭灶、扫尘、买年货、贴春联、贴年画、除夕守岁、放鞭炮、拜年等。各项喜庆活动通常在大年三十（俗称"除夕"）达到高潮。家家户户装饰一新，男女老少欢聚一堂，吃丰盛的团圆饭（俗称"年饭"）。许多人家彻夜不眠，"秉烛待旦"，迎接新年的到来，谓之"守岁"。唐太宗李世民有《守岁》诗一首记其事，描写了宫廷到民间，举国欢庆、共度良宵，辞旧迎新的一片欢乐景象。

> 暮景斜芳殿，年华丽绮宫。寒辞去冬雪，暖带入春风。
>
> 阶馥舒梅素，盘花卷烛红。共欢新故岁，迎送一宵中。

正月初一，人们开始拜年，先拜高堂尊长，然后向亲朋好友恭贺新年。

如今，春节习俗有所改变。每逢春节，全国放假7天。扫尘、守岁、团圆、拜年等习俗仍然盛行，但祭灶、拜天地神祇、行跪拜磕头礼等旧俗逐渐消失。此外，为了保护生态环境，一些地方对燃放鞭炮的时间、地点进行了限制。而除夕晚上，看春节联欢会、春节期间观光旅游、电话或微信拜年等具有时代特色的活动，则为春节拜年增添了新方式、新内容。

3. 元宵节

农历正月十五是元宵节。

据载，汉文帝刘恒将农历正月十五定为元宵节。农历正月十五之夜，是一年中第一个月圆之夜。相传汉明帝刘庄于元宵节在宫廷、寺院"燃灯表佛"，令士族庶民仿行，以后相沿成俗。因此，元宵节亦称"灯节"。

每逢元宵节，家家户户都会吃元宵，象征家庭团圆，和睦幸福。入夜，大街小巷张灯结彩，人们上街观灯，其乐融融。南宋著名词人辛弃疾在《青玉案·元夕》中就准确地描述了南宋的灯会盛况。

> 东风夜放花千树，更吹落，星如雨。
>
> 宝马雕车香满路。凤箫声动，玉壶光转，一夜鱼龙舞。
>
> 蛾儿雪柳黄金缕，笑语盈盈暗香去。
>
> 众里寻他千百度。蓦然回首，那人却在，灯火阑珊处。

元宵节习俗流传至今。如今，每逢农历正月十五，家家户户吃元宵。华灯初上，城市里各种灯会竞放异彩，吸引了大量观众；儿童手提各种形状的小灯笼游玩，十分开心；一些地方的猜灯谜活动更增添了节日的欢乐气氛。

4. 清明节

清明节一般在农历二月中，公历4月5日前后（多为5日，有时为4日或6日）。清明节前一天，是纪念春秋时期晋文公的贤臣介子推的寒食节。

古时候，到了清明节，人们会焚火寒食，上坟扫墓。唐代著名诗人杜牧的佳作《清明》脍炙人口。宋代诗人高翥的清明诗也形象地描述了人们在清明节扫墓的情景："南北山头多墓田，清明祭扫各纷然。纸灰飞作白蝴蝶，泪血染成红杜鹃。"此外，清明节的节日活动还有插柳、踏青、放风筝、荡秋千等。

如今，每逢清明节，全国放假一天，人们手持鲜花或小花圈，为故人扫墓。不少单位还组织学生、职工为英烈扫墓，向他们敬献花篮。许多人结伴踏青，欣赏美丽的春色。"世界风筝之都"潍坊市举办的国际风筝节和北京等城市举办的风筝比赛，则让国内外游客大开眼界。

5. 端午节

农历五月初五是端午节。

关于端午节的起源，主要有"屈原说""伍子胥说""龙节说""恶日说""夏至说"5种。其中"屈原说"在民间流传最广。

屈原是战国时楚国人，著有《离骚》等传世之作。他热爱楚国，刚直不阿。但楚王听信谗言，把屈原削职流放。公元前278年，楚国郢都被秦军攻破。屈原悲愤万分，于同年农历五月五日抱石投汨罗江，以身殉国。两岸百姓惊悉噩耗后，纷纷划船打捞他的尸体，往江里扔粽子，使鱼虾饱食，不吃他的尸体。唐代诗人文秀在《端午》诗中对此也进行了抒怀。

> 节分端午自谁言，万古传闻为屈原。
>
> 堪笑楚江空渺渺，不能洗得直臣冤。

宋代朝廷追封屈原为"忠烈公"，定农历五月五日为端午节，并谕知全国纪念屈原。历代沿袭下来，演变成端午节吃粽子、赛龙舟的习俗。

直到今天，每逢端午节，家家户户都会吃粽子，怀念屈原。许多地方会举行龙舟赛，鼓声震天，欢声动地，蔚为壮观。

6. 中秋节

农历八月十五日是中秋节。

中国古代把月亮尊奉为"月神"，周代已有中秋祭月活动。汉晋隋唐时期，出现登台观月、泛舟赏月等活动。宋代始定农历八月十五日为中秋节。

中秋之夜，金风玉露，月亮又圆又亮。家家户户围坐在一起，一边观赏明月，一边品尝月饼。人们因月圆联想到合家团圆，盼望与亲人相聚。北宋著名文学家苏轼的佳作《水调歌头》，因隽永地表达了怀念亲人的眷眷情思而被传颂至今。

明月几时有？把酒问青天。不知天上宫阙，今夕是何年。我欲乘风归去，又恐琼楼玉宇，高处不胜寒。起舞弄清影，何似在人间。转朱阁，低绮户，照无眠。不应有恨，何事长向别时圆？人有悲欢离合，月有阴晴圆缺，此事古难全。但愿人长久，千里共婵娟。

7. 重阳节

农历九月九日是重阳节。

据《易经》"以阳爻为九"，九为阳数。九月九日是两个阳数相重，故名"重阳"。战国时期，重阳日已被视为吉日。汉代时，在重阳日过节渐成风俗。

重阳节的主要活动内容有登高、赏菊（重阳节亦称"菊花节"）、喝菊花酒、插茱萸（一种中药植物）、吃重阳糕等。在描写重阳登高的大量诗篇中，唐代著名诗人王维的《九月九日忆山东兄弟》久负盛名。

独在异乡为异客，每逢佳节倍思亲。遥知兄弟登高处，遍插茱萸少一人。

如今，每逢重阳节，人们登山远足，进行野餐，或向老年人表达敬意。全国许多城市都会在重阳节前后举办菊花展，造型奇特、色彩纷呈的菊花展吸引了无数爱菊、赏菊的市民。眼下菊花酒已不多见，但醇香爽口的菊花晶、菊花茶等颇受大众青睐。

二、现代节日

随着时代和社会的发展，不同的现代节日也应运而生，以下着重介绍国际妇女节、植树节、国际劳动节等6个现代节日。

1. 国际妇女节

国际妇女节全称"联合国妇女权益和国际和平日"，在中国又称"国际劳动妇女节""三八妇女节"，是在每年3月8日为庆祝妇女在经济、政治和社会等领域做出的重要贡献和取得的巨大成就而设立的节日。

1909年3月8日，美国芝加哥女工为争取自由平等举行大罢工和示威游行，得到美国广大劳动妇女的积极响应。

1910年8月，第二届国际社会主义妇女代表大会在丹麦哥本哈根举行，大会通过了德国革命家克拉拉·蔡特金的建议，定3月8日为国际劳动妇女节。

1911年3月，美国、德国、瑞士等国的妇女首次举行纪念活动。1924年3月，中国妇女代表在广州举行活动，纪念三八妇女节。

1949年12月，中国中央人民政府政务院通令全国，规定每年3月8日为妇女节。

每逢三八妇女节，全国妇女放假半天。许多单位举办各种各样的活动，如召开小型座谈会，举行表彰优秀妇女大会，组织女职工看电影等。

2. 植树节

3月12日是中国的植树节。1925年3月12日，中国伟大的革命先行者孙中山先生逝世。1928年，为纪念孙中山先生，当时的国民政府规定3月12日为植树节。1979年2月，第五届全国人民代表大会常务委员会第六次会议根据国务院的建议，正式确定3月12日为植树节。此后，每年3月12日，党和国家领导人都会与群众一起植树造林，绿化祖国。

3. 国际劳动节

5月1日是全世界劳动人民的节日，即国际劳动节。

1886年5月1日，美国芝加哥工人举行大罢工，要求改善劳动条件，实行8小时工作制；经过流血斗争，最终赢得了胜利。

1889年7月14日，第二国际成立大会在法国巴黎举行，大会通过了法国代表拉文的提议，把5月1日定为"国际示威游行日"，也称"国际劳动节"。

1890年5月1日，法国、美国等国许多城市的工人举行声势浩大的示威游行，显示了欧美无产阶级的战斗力量。1922年5月1日，中国劳动人民代表在广州召开全国第一次劳动大会，庆祝国际劳动节。

1949年12月，中国中央人民政府政务院规定5月1日为劳动节。

每年5月1日，许多单位会召开表彰大会、庆功会，宣传劳动模范的先进事迹，不少地方还会举办游园会以欢庆国际劳动节。

4. 国际儿童节

6月1日是国际儿童节，是全世界儿童的节日。

1949年11月，为了保障全世界儿童的生存权、保健权和受教育权，改善儿童生活，国际民主妇女联合会在莫斯科举行的理事会上做出决定，规定每年6月1日为国际儿童节。1949年12月，中国中央人民政府政务院规定6月1日为儿童节。

每年6月1日，中国各地儿童身穿节日盛装，举行联欢会、游园会等各种活动，和世界各国儿童共同欢庆自己的节日。

5. 教师节

9月10日是中国教师节。

中国曾于20世纪30年代建立过教师节。1951年，中华人民共和国教育部和中华全国总工会宣布国际劳动节同时为教师节。1985年1月11日，国务院向全国人民代表大会常务委员会提出关于确定每年9月10日为教师节的议案。1985年1月21日，第六届全国人民代表大会常务委员会第九次会议同意国务院关于建立教师节的议案，确定每年9月10日为中国教师节。

每年9月10日，全国各地会举办茶话会、表彰会、联欢会等多种活动，欢庆教师节。

6. 国庆节

10月1日是中华人民共和国成立纪念日，亦称国庆节。

1949年9月21日—30日，中国人民政治协商会议第一届全体会议召开，会议通过了《中国人民政治协商会议共同纲领》，确定中华人民共和国为新的国家名称，制定了国旗，规定《义勇军进行曲》为国歌，决定把北平改名为北京，作为首都。1949年12月2日，中央人民政府委员会第四次会议通过决议，确定10月1日为中华人民共和国国庆节。

每年10月1日，全国放假7天，各地张灯结彩，全国各族人民以各种方式热烈欢庆国庆节。

此外，还有国际护士节（5月12日）、国际大学生节（11月17日）等现代节日。在这些节日里，人们也会组织纪念活动，表达祝福之情。

6.2.2 民俗礼仪

民俗又称民间文化，是指一个民族或一个社会群体在长期的生产实践和社会生活中逐渐形成并世代相传的较为稳定的文化事项，可以简单概括为民间流行的风尚、习俗。民俗悄然支配着人们，指导规范着人们的衣食住行、礼仪礼貌、待人接物。

民俗涉及的内容很多，直至今日它所研究的范围仍在不断地拓展。就当代民俗学领域公认的范畴而言，民俗包含劳动生产民俗、日常生活民俗、社会组织民俗、岁时节日民俗、人生礼仪、游艺民俗等部分。以下着重介绍3个重要的人生礼仪和反映劳动生产民俗的二十四节气。

一、人生礼仪

1. 诞辰习俗

诞辰礼可细分为诞生礼和生日礼。

（1）诞生礼

诞生礼是指孩子出生后举行的一系列喜庆活动，主要有贺三朝、满月礼、百日礼、周岁礼等。

实际上，孩子尚在母腹中，亲友们已是喜上眉梢，开始为孩子准备衣物。孩子出生后，女婿应去岳父家"报喜"，送去染红的鸡蛋（俗称"喜蛋"）。

● 贺三朝。

孩子出生后第三天，家长要宴请亲友，称"贺三朝"。该日午饭后给孩子洗澡，俗称"洗三"。

● 满月礼。

孩子满月，家长要请亲友喝满月酒，亲友携贺礼赴宴。满月日还要给孩子剃头发（俗称"剃胎发"）。

● 百日礼。

孩子出生后第一百天，家长要设宴款待前来庆贺的亲友。贺百日的传统礼物有百家衣、长命锁、鞋帽等。

● 周岁礼。

孩子满周岁，家长要盛宴亲友，宾客还要举行富有特色的"抓周"活动。抓周旨在检测周岁幼儿的性情、志趣，并据此预测其未来。在男孩面前，通常放上弓箭、纸笔、算盘、珠宝、食物等；在女孩面前，再加上剪刀、针线等，看孩子抓取何物。古时候，家长最希望男孩抓纸笔、弓箭，盼望长大后文能治国，武能安邦。（其实孩子抓取何物并不能决定其一生，家长也不必太在意，但观看幼儿摸爬玩耍的天真神态倒是别有趣味。）

（2）生日礼

生日礼即过生日的礼俗。

青少年和中年人每逢生日来临，多要举行庆贺活动，即"过生日"。一般逢十举行隆重庆贺，尤以10岁、30岁为重。为年满60岁的老人举行庆贺活动，则称"作寿"。逢十（如70岁、80岁、90岁等）做大寿。

古代孩子过生日吃喝一顿就算了事，但为老人祝寿则特别讲究，通常要设寿堂、贴寿联、挂寿幛、点寿烛、献寿桃、吃寿面等。

近些年来，孩子们的生日越来越受重视，父母等长辈一般要给过生日的孩子送礼物，如送玩具、新衣服、学习用品等。如今，过生日点生日蜡烛、吃生日蛋糕已成为新时尚，生日蛋糕上所插的蜡烛的支数要与主人的年龄相对应，或用数字蜡烛。现在给老人祝寿，一般都是中西结合，既吃生日蛋糕，又吃长寿面，还要拍全家福照片，以作留恋。

2. 婚姻习俗

婚姻是一个人的终身大事，关系重大，因此婚姻自古以来就很受重视。在中国传统的观念中，婚姻具有非常神圣的意义，男女婚姻乃承天地阴阳之性配合而成。君臣、父子、夫妇、兄弟、朋友视为"五伦"。《周易·系辞》中提到："天地氤氲，万物化醇，男女媾精，万物化生。"后人进一步发挥以婚姻为契合"天地之道"的"人伦之本"，伦常礼仪、社会组织都基于婚姻。《周易·序卦》中说："有男女，然后有夫妇；有夫妇，然后有父子；有父子，然后有君臣；有君臣，然后有上下；有上下，然后礼仪有所错。"西周在"五伦"之中特重"夫妇"，提出"贤德妻房""第一要紧"，隐含婚姻为伦常之本的传统观念，具有严肃的伦理学意义，也使婚姻成为中国传统的伦理道德基础。

婚姻关系的建立与确立，始于婚礼。婚礼是一种法律公证仪式，其意义在于获取社会的承认和祝福，帮助新婚夫妇适应新的社会角色和要求，准备共同承担社会责任。几乎所有的民族和国家都有其传统的婚礼仪式，这既是其民俗文化的继承途径，也是一种文化教育仪式。婚礼也是一个人一生中重要的里程碑，属于一种人生礼仪。大部分的文化通常都会发展出一些婚礼上的传统与习俗，其中有许多在现代社会已经失去了其原始象征的意义，逐渐演变为世俗的婚礼。

周代是礼仪的集大成时代，彼时逐渐形成一套完整的婚礼婚姻礼仪。《仪礼》中对此有详细的规则，将整套仪式合为"三书"（聘书、礼书和迎亲书）与"六礼"，被合称为"三书六礼"。六礼婚制从此作为华夏传统婚礼的模板流传至今，后世历朝历代的婚制多数在此基础上加以变化而来。

"六礼"即纳采、问名、纳吉、纳征、请期、迎亲。

（1）纳采

男方父亲遣媒人向女方提亲，女方父母同意后，男方派使者以雁、家鹅等物品为赘礼，正式向女方求婚。

（2）问名

男方通过媒人询问女方姓名、出生年月日、排行、生辰八字等。男方收到女方的庚帖后，请人占卜，预测这门亲事的凶吉。

（3）纳吉

男方占卜获得吉兆，便立即向女方报喜，双方换帖，订立婚约。

（4）纳征

男方向女方送聘礼，进一步确定婚事。近代婚俗中的"送彩礼"即由此演变而来。

（5）请期

请期即议定结婚日期。男方择定完婚吉日，备礼去女方家，以征得女方父母同意。

（6）迎亲

男方于成婚日去女方家迎娶新娘。迎娶的主要仪式包括迎轿、拜堂、合卺（后改为喝交杯酒）、闹洞房等。

上述"六礼"对汉族婚俗的演变长期起着主导作用。"六礼"使婚礼规范化，有章可循。到了近代，婚俗有所简化，婚嫁礼仪主要有说媒、相亲、定亲、迎娶等。而如今婚俗趋于简便，男女双方认识后彼此满意，大多数青年人征得父母同意后，交往一段日子便可筹办婚礼，然后选择节庆假日或吉日举办婚礼，也有一些青年人选择旅行结婚等方式。

3. 丧葬习俗

从旧石器时代起，人类便产生了灵魂观念。原始人认为，人死灵魂不死，人的灵魂仍能干预活人的人事、祸福。受这种灵魂不灭观念的影响及世界各民族文化传统、宗教信仰的差异，世界各民族产生了形形色色的葬礼风俗，有的葬礼盛大隆重，有的葬礼简易朴素，有的葬礼充满了宗教色彩，有的葬礼科学而又卫生。在葬礼葬式上，世界各民族中有土葬、火葬、水葬、天葬、洞葬、树葬、悬棺葬、壁橱葬等多种形式。

我国传统丧礼源远流长，现存最早的资料是《仪礼》的《士丧礼》《既夕礼》《士虞礼》3篇，这是周代的礼制；后世，唐代有《显庆礼》《开元礼》的制定，宋代有朱熹《文公家礼》的流传，但基本内容都是沿袭，略做更改而已。

丧礼的程序一般包括招魂、设床停尸、沐浴、更衣、报丧、大殓；殓后，多种祭奠仪式就开始了，如朝奠、朔望奠及俗称的"做七"。所谓"做七"，是指从死者临终之日算起，每过七日设奠一次，直至"七七"结束。最后是选择墓地及葬日。

丧葬礼俗中，人死于正命，是白喜事，亲戚朋友均会来吊唁。为表示哀悼，人们会奉上挽联、挽幛或礼品、礼金。亡者一般在三五天内入殓安葬。拜贺庆吊显示了人们互相扶助的合作精神。

二、二十四节气

二十四节气是我国劳动人民独创的。它反映了季节的变化，可指导农事活动，影响着千家万户的衣食住行，是先辈了解自然的结晶。二十四节气是根据太阳在黄道上的位置来划分的。

1. 立春

立春是二十四节气之首，当太阳黄经为315度时就到了立春。

立春节气民间习俗典型的如打春，即"打牛"，表示劝农春耕和祈求丰收，相传是周公始制立春土牛；除了打春，还有"咬春"的习俗，即吃春饼、春盘、咬萝卜等。

2. 雨水

雨水是二十四节气中的第二个节气。每年的正月十五前后，太阳黄经到达330度时，是二十四节气中的雨水。此时，气温回升、冰雪融化、降水增多，故取名为雨水。

雨水节气民间习俗包括，这一天出嫁的女儿纷纷带上礼物回娘家拜望父母；生育了孩子的妇女，须带上罐罐肉、椅子等礼物回家感谢父母的养育之恩。

3. 惊蛰

惊蛰是二十四节气中的第三个节气。太阳黄经到达345度时为惊蛰。惊蛰的意思是天气回暖，春雷始鸣，惊醒蛰伏于地下冬眠的昆虫。蛰是藏的意思。

惊蛰节气民间习俗如下。

（1）祭白虎化解是非，就是拜祭用纸绘制的老虎，纸老虎一般为黄色黑斑纹，口角画有一对獠牙。拜祭时，需以肥猪血喂之，使其吃饱后不再出口伤人，继而以生猪肉抹在纸老虎的嘴上，使之充满油水，不能张口说人是非。

（2）"打小人"驱赶霉运。古时惊蛰当日，人们会手持清香、艾草，熏家中四角，以香味驱赶蛇、虫、蚊、鼠和霉味，久而久之，渐渐演变成不顺心者拍打对头人和驱赶霉运的习惯，亦即"打小人"的前身。

4. 春分

春分节气从太阳黄经到达0度时开始。春分这一天，阳光直射赤道，昼夜长短几乎相等，而且正当春季九十日半，故称"春分"。

春分节气民间习俗有竖蛋、送春牛图、粘雀嘴、春祭等活动。

5. 清明

清明节又叫踏青节，在仲春与暮春之交，也就是冬至后的第108天，是中国传统节日之一，也是重要的祭祀节日，是祭祖和扫墓的日子。

清明节气民间习俗有禁火、扫墓，还有踏青、荡秋千、踢蹴鞠、打马球、插柳等一系列风俗活动。

6. 谷雨

谷雨是"雨生百谷"的意思，此时降水明显增加，田中的秧苗初插、作物新种最需要雨水的滋润。谷雨最主要的特点是春雨绵绵，有利于谷物生长。雨生百谷反映了"谷雨"的农业气候意义。

谷雨节气民间习俗如下。

（1）禁杀五毒。农民一边进田灭虫，一边张贴谷雨贴，进行驱凶纳吉的祈祷。

（2）渔家流行谷雨祭海。谷雨时节正是春海水暖之时，百鱼行至浅海地带，是下海捕鱼的好日子。

（3）走谷雨。古时有"走谷雨"的风俗，谷雨这天青年妇女走村串亲，或者到野外走走，寓意与自然相融合，强身健体。

（4）喝谷雨茶。传说谷雨这天的茶有清火、辟邪、明目等作用，所以南方有谷雨摘茶习俗。

（5）谷雨食香椿。北方有谷雨食香椿的习俗。

（6）"谷雨祭仓颉"，谷雨祭祀文祖仓颉是自汉代以来流传千年的民间传统。

7. 立夏

立夏节气一到，意味着夏天就将开始，此时的温度明显升高，同时农作物也茁茹旺盛生长。立夏的习俗有迎夏、尝新、斗蛋、称人。在古代，立夏是非常重要的节气，每逢立夏，人们都会举行迎夏仪式。尝新是品尝新鲜的食物。苏州有"立夏见三新"的习惯，三新指的是樱桃、青梅、麦子，无锡的三鲜分为地三鲜、水三鲜和树三鲜，常熟尝新的食物则为分九荤十三素。斗蛋是小孩子的游戏，将鸡蛋煮熟，装在用彩色丝线或绒线编成的网兜里，让孩子挂在脖子上，然后用蛋头撞蛋头，蛋尾撞蛋尾，斗破了壳的输者要将鸡蛋吃掉。称人即人们在村口或台门里挂起一杆大木秤，秤钩悬一根凳子，大家轮流坐在凳子上面秤人，司秤人一边打秤花，一边讲着吉利话的活动。

8. 小满

小满是二十四节气中的第八个节气，夏季的第二个节气，此时太阳黄经为60度。

小满节气民间习俗：江南一带有"小满动三车"的说法，所谓"三车"即水车、纺车、油车；小满正是江南早稻追肥、中稻插秧的时节，若田里不蓄满水，就会造成田坎干裂，无法插秧，因此人们会以人力或畜力带动水车灌溉水田。

9. 芒种

芒种是二十四节气中的第九个节气，夏季的第三个节气，此时太阳黄经到达75度。芒种的字面意思是"有芒的麦子快收，有芒的稻子可种"。此时长江中下游地区将进入多雨的黄梅时节。

芒种节气民间习俗有送花神，即农历二月二花朝节上迎花神。皖南地区会有安苗的农事习俗活动，目的是祈求五谷丰登、村民平安。

10. 夏至

夏至是二十四节气中的第十个节气，太阳黄经90度。夏至这天过后太阳将走"回头路"，太阳光直射点开始从北回归线向南移动。夏至虽然阳气较盛，且白昼最长，但却未必是一年中最热的一天，因此时接近地表的热量仍在积蓄，并没有达到最多的时候。

夏至节气，山东各地普遍要吃凉面条，俗称过水面，有"冬至饺子夏至面"的谚语。在广东地区，人们喜好在夏天吃滋补凉食避暑。

11. 小暑

小暑时节，梅雨逐步结束，开始进入伏旱期。

小暑节气民间习俗有"头伏饺子，二伏面，三伏烙饼摊鸡蛋"，头伏吃饺子是传统习俗。徐州人入伏吃羊肉，称为吃伏羊，这种习俗可上溯到尧舜时期。

12. 大暑

大暑正值中伏前后，我国大部分地区为一年最热的时期，也是喜热作物生长速度最快的时期。

大暑节气民间习俗有"六月大暑吃仙草，活如神仙不会老"，仙草即"凉粉草"。福建莆田人要吃荔枝、羊肉和米糟来"过大暑"。湘中、湘北素有一传统的进补方法，就是大暑吃童子鸡。湘东南还有大暑吃姜的风俗，俗语有"冬吃萝卜夏吃姜，不需医生开药方"。

13. 立秋

立秋是二十四节气中的第十三个节气，立秋预示着夏天即将离去，秋天就要到来。

立秋节气民间习俗有立秋节、摸秋、秋忙会、贴秋膘等，民间流行在立秋这天以悬秤称人，将体重与立夏时对比。

14. 处暑

处暑是二十四节气中的第十四个节气，是反映气温变化的一个节气。"处"的意思是"去也"，表示火热渐消，暑气至此而止。

处暑节气民间习俗包括庆祝中元节的民俗活动，俗称"作七月半"或"中元节"，人们往往会聚在河湖边放河灯。南方民间会有自酿白露米酒的习俗，白露米酒用糯米、高粱等五谷酿成，略带甜味，故称"白露米酒"。

15. 白露

白露是秋天的第三个节气，当太阳到达黄经165度时为白露，表示孟秋时节的结束和仲秋时节的开始。露水是由于温度降低，水汽在地面或近地面物体上凝结而成的水珠。

16. 秋分

秋分中"分"即为"平分""半"的意思，秋分这天阳光几乎直射地球赤道，全球各地昼夜等长。时至秋分，暑热已消，天气转凉，暑凉相分。

秋分节气民间会吃一种叫作"野苋菜"的野菜，有的地方也称之为"秋碧蒿"。

17. 寒露

寒露是一个反映气候变化特征的节气。进入寒露，时有冷空气南下，昼夜温差较大，并且人们秋燥症状明显。古人将寒露作为寒气渐生的表征。

寒露节气民间习俗包括过重阳节，故有登高活动。同时，人们还要吃花糕，因"高"与"糕"谐音，故应节糕点谓之"重阳花糕"，寓意"步步高升"。

18. 霜降

霜降节气反映的是气温骤降、昼夜温差变化大、人们秋燥症状明显的气候特征。"霜"是天冷、昼夜温差变化大的表现，故以"霜降"命名这一表示"气温骤降、昼夜温差变化大"的时节。

霜降节气民间习俗有吃柿子，俗话说"霜降吃柿子，不会流鼻子（鼻涕）"；山东有"处暑高粱，白露谷，霜降到了拔萝卜"的农谚。

19. 立冬

立冬是季节类节气，表示自此进入了冬季。"立，建始也；冬，终也，万物收藏也。"立冬意味着生气开始闭蓄，万物进入休养、收藏状态。气候也由秋季的少雨干燥渐渐向阴雨寒冻的冬季气候转变。

立冬节气民间有吃饺子的习俗，谚语"立冬补冬，补嘴空"就是最好的比喻。

20. 小雪

小雪是反映降水与气温的节气，它是寒潮和强冷空气活动频数较高的节气。小雪节气的到来，意味着天气会越来越冷、降水量渐增。"雪"是水汽遇冷的产物，代表寒冷与降水，这时节的气候寒未深且降水未大，故用"小雪"来比喻其气候特征。"小雪"反映的是这一节气期间寒流活跃、降水渐增，不是表示会下小量的雪。

小雪节气民间习俗有腌腊肉，吃糍粑。古时，糍粑是南方地区传统的节日祭品，最早是农民用来祭牛神的供品，俗语"十月朝，糍粑禄禄烧"就是指的祭祀。

21. 大雪

大雪节气与小雪节气一样，是反映气温与降水变化趋势的节气。大雪节气的特点是气温显著下降、降水量增多。

大雪节气民间习俗包括，鲁北民间有"碌碡顶了门，光喝红黏粥"的说法；而南京则有俗语"小雪腌菜，大雪腌肉"，表示大雪节气一到，家家户户忙着腌制"咸货"。

22. 冬至

冬至是反映太阳光直射运动的节气，冬至这天太阳南行到极致，阳光直射南回归线。

冬至节气民间习俗有吃馄饨面，过去北京有"冬至馄饨夏至面"的说法，还有吃狗肉、羊肉，吃饺子等。在这一天，南方人们讲究吃红豆糯米饭。

23. 小寒

小寒指天气寒冷但还没有到极点。冬至之后，冷空气频繁南下，气温持续降低，并在一年的小寒、大寒之际降到最低。"小寒时处二三九，天寒地冻冷到抖"，这说明了小寒节气的寒冷程度。

小寒节气民间习俗包括，南京讲究吃菜饭，广东讲究吃糯米饭。

24. 大寒

大寒同小寒一样，也是表示天气寒冷程度的节气，大寒是寒冷到极致的意思。大寒以后，立春接着到来，天气渐暖。至此地球绕太阳公转了一周，完成了一个循环。

广东岭南地区有大寒联合捉田鼠的习俗。其间，还有一个非常重要的日子——腊八，即农历十二月初八。在这一天，人们会用五谷杂粮等熬成一锅香甜美味的腊八粥。

◈ 本章小结

　　本章主要介绍了成人礼和庆典礼。通过对成人礼内容的学习，读者可以了解成人礼脱稚成形、行礼明德、立志成人的3方面礼仪要求，明确成人过程中正容、知礼、立志的礼仪内容，养成穿着得体、恭谦礼让、志存高远的礼仪规范，进而树立优雅得体和积极向上的成人观念。

　　通过对庆典礼中的中国传统节日和现代节日的学习，读者可以更深刻地了解节日的内涵及意义，特别是中国传统节日中传递的天人合一、合家团圆、尊老爱幼等中华传统文化思想。通过学习诞辰、婚姻、丧葬3个重要的人生礼仪，读者可以了解这3个人生礼仪的内涵，加深对生命和人生的认识。通过对二十四节气的含义和民俗的了解，读者可以理解应时而作的智慧。

◧ 延伸阅读

一、过年习俗之压岁钱

　　压岁钱（在广东叫作"俾利是"）是年节习俗之一，其本真由来无考，传说是为了压邪祟。除夕夜吃完年夜饭，长辈要给晚辈压岁钱，以祝福晚辈平安度岁。压岁钱是晚辈在新年最盼望的礼物。压岁钱起源较早，但真正在全国范围内流行是在明清时期。古代的压岁钱有特制钱与一般通行钱两种。特制钱是仿制品，它的材料或铜或铁，形状或方或长，钱上一般刻有"吉祥如意""福禄寿喜""长命百岁"等字样。压岁钱有长辈直接给予晚辈的，有的则是长辈在晚辈睡下后，放置其床脚或枕边。压岁钱有祝福的意义。压岁钱在民俗文化中寓意辟邪驱鬼，保佑平安。其最初的用意是镇恶驱邪，因为人们认为小孩容易受鬼祟的侵害，所以用压岁钱压祟驱邪。

进入新时代，我们提倡健康、积极的民俗文化，对于压岁钱，不要形成攀比之风，以适度为佳，重其寓意，因为真诚美好的祝福远胜于金钱本身的价值。

二、端午节插杨柳习俗的由来

说到端午节习俗，很少有人会想到在端午节那天插杨柳。你知道什么地方的人们会在端午节那天插杨柳吗？它的由来是什么？

端午节插杨柳，乃是兰州等地广大农村中盛行的一种习俗。农历五月初四傍晚时分，人们就将杨柳枝梢插在自家的大门和房檐上。插上了杨柳，孩子们开始穿新衣、戴荷包、拴五彩花花绳儿，准备过端午节。

文史资料里记载了兰州地区民间插杨柳习俗的由来。相传，晋文公重耳流亡在外19年，大臣介子推曾偷偷割下自己腿上的肉煮给重耳吃。后来重耳回国称君，封赏所有随他流亡的王公大臣，唯独忘了介子推。介子推不求做官，不愿领赏，背着老母亲跑到绵山隐居起来。后来重耳发现此事，悔之莫及，亲自到绵山寻访，但介子推拒不出山。重耳无奈下令放火烧山，想以此逼他出来。谁知火烧了3日，介子推竟抱着大树和母亲被活活烧死。为了纪念他，每到端午节这天，家家户户会在房檐上插上杨柳，人们把这种插在房檐上的杨柳称为"招魂柳"。端午节插杨柳经后世沿袭成俗，这就是端午插杨柳的由来。

现在你明白了为什么兰州等地的人们会在端午节那天插杨柳了吧，原来是为了纪念大臣介子推。介子推的精神中最值得人们敬佩的就是他的高洁，而杨柳也常常是高洁的象征。

课堂练习

练习一：单选题

1. 重阳节亦称（　　　　）。

   A. "梅花节"　　　　B. "兰花节"　　　　C. "菊花节"　　　　D. "荷花节"

2. 为年满（　　　　）岁的老人举行庆贺活动，则称"作寿"。

   A. 50　　　　　　B. 60　　　　　　C. 70　　　　　　D. 80

3. 婚姻关系的建立与确立，始于婚礼，其意义表述不正确的是（　　　　）。

   A. 获取社会的承认和祝福

   B. 帮助新婚夫妇适应新的社会角色和要求

    C. 帮助新婚夫妇准备共同承担社会责任

    D. 婚礼的规模预示着婚姻是否幸福

4. 《仪礼》中对婚礼婚姻礼仪规则有详细的记载，将整套仪式合为"三书"与"六礼"，其中"三书"不包括（   ）。

    A. 礼书   B. 聘书   C. 家书   D. 迎亲书

5. 传统社会中，汉族人的成年礼一般是男子（   ）行冠礼。

    A. 18岁   B. 19岁   C. 20岁   D. 21岁

6. 传统社会中，女子在（   ）时要行笄礼。

    A. 15岁   B. 16岁   C. 17岁   D. 18岁

练习二：讨论与分享

1. 参照古人的"字"，试着给自己选一个"字"。

2. 试说说行成人礼的意义，并分角色演练成人礼仪式。

练习三：活动策划

    请参照成人礼仪式，设计一个校园集体成人礼活动方案，可分小组分别撰写活动策划方案，然后分组阐述活动策划方案并进行评比。

结束语

礼仪让人生更美好

礼仪是人类文化的结晶、社会文明的标志，是人际交往的行为规范与准则。学习礼仪，女士更优雅，男士风度佳，家庭更温馨，社会更和谐。

礼仪，源远流长；礼仪，博大精深；优秀礼仪是无价之宝。我们既为中华民族有如此璀璨的礼仪文化感到骄傲，又应努力践行礼仪文化，将其发扬光大。

礼仪是在人际交往中，以约定俗成的方式表现律己敬人的规范，具有塑造形象、联络感情、调节行为等功能，能够辅助我们在竞争日益激烈的社会活动中更加潇洒自如，更加完美地展现出自己的价值。掌握礼仪这把金钥匙，有助于我们更好地开启幸福的人生之旅。我们要会做事，更要会做人。做子女，有孝顺之道；做学生，有敬师之方；做领导，有管理之法；做员工，有行事之责；做朋友，有交友之规；做恋人，有相爱之约；做夫妻，有和谐之宜；做父母，有育子之术；做游客，有文明之养；做公民，有公德之心。凡为人者，不可不行文明之道，习礼仪之风。

"没有规矩，不成方圆。"礼仪是做人的规范，做事的规矩。礼仪的实用性、可操作性很强。例如，握手的顺序、部位、力度、时间等均有讲究。又如，拜访别人，应当事先预约并准时赴约，而不要做不速之客，或者姗姗来迟，让别人久等。再如，交谈时的距离上，与陌生人交谈相距1.2米左右，与熟人交谈相距1米左右，与亲友交谈相距0.5米左右。把握好这个度，我们就可以比较顺畅地与对方交流，而避免让对方有压抑感或认为自己很冷漠。

礼仪不是繁文缛节，而是明确的标准与规矩。礼仪蕴含着丰富的文化内涵，体现社会要求与时代精神，熏陶人们的心灵，规范人们的举止。礼仪无处不在，热情的问候，友善的目光，亲切的微笑，文雅的谈吐，得体的举止等，无不尽显礼仪风采。

礼仪的核心是尊重，现实生活中，我们要自尊和敬人；礼仪的特点是为他人着想，我们应尽可能用换位思考的方式待人接物；礼仪的宗旨是和谐，构建和谐家庭、和谐社区、和谐校园、和谐城市、和谐社会。礼仪的最高境界是让别人舒服，让自己自在。让别人舒服，即对方感受到被重视、被尊重；让自己自在，即美言美行皆出自内心。

文明无处不在，礼仪细小入微。礼仪不是华丽的服饰，也不是外交官的专利。在家里，尊老爱幼，夫妻相敬如宾、互相关照、求同存异，睦邻彼此尊重、互相帮助；在单位，尊重领导，团结同事，关心部下。礼仪讲究内外兼修，重视信誉、效率和细节，提倡交流、合作与分享等。礼仪与人品亦存在辩证关系：洁身自好、与人为善、助人为乐。提倡于己而言，加强个人修为；待人心存善念；而最高的境界当为乐于助人，无私奉献社会。

我们心中有尊重、有善意远远不够，还应该将它表达出来，更重要的是用对方感受得到的友好的方式进行表达。一个肯定的眼神、一个友善的微笑、一个端庄的立姿、一个恭敬的坐姿、一次热情的问候、一次真诚的道歉、一个相遇时的欠身、一次排队时的礼让、一个赞美的掌声……都可以给自己带来受益终身的好运。我们要注重个人礼仪，修身养性，善于微笑，举止有度，做到心灵美、外表美、行为美；注重家庭礼仪，尊老爱幼，善待邻居，营造温馨的家庭氛围；注重校园礼仪，尊敬老师，团结同学，全面发展；注重公共场所礼仪，自觉遵守公共场所秩序，共同营造美丽的环境；注重求职礼仪，了解面试礼仪和求职技巧；注重交际礼仪，掌握称呼、介绍、握手、打电话、交换名片等基本礼节；注重旅游礼仪，"入国而问禁，入乡而问俗，入门而问讳"，遵守各地法律、法规及风俗习惯，尊重旅游工作人员，爱护公共设施，保护自然环境。知礼、懂礼、用礼，知行合一，我们就可以成为通情达理的模范公民，人们友好相处，社会井然有序。

礼仪是规范，但在不同情况下可以有所变通。例如，引领客人一般应在客人的左前方或右前方，但上步行楼梯时有所变化：一般情况下，请长辈、领导、客人、女士走在前面，既显示对他们的尊重，也为他们着想，因为如果他们不小心踩空了，走在后面的人可以保护他们；如果在炎热的夏天，一位身穿裙装的女士有意走在男主人后面，此时男主人就不要墨守成规，非要请女士走在前面，这样就过于迂腐了。人人均应当自觉遵守礼仪，既不能做礼仪的警察，自以为是，对别人指手画脚；也不能做礼仪的奴隶，遇事过分谨小慎微，如履薄冰。礼仪是用来完善自我的，而不是用来苛责他人的，我们应严于律己，更应宽以待人。处处注意自己的举止，时时考虑他人的感受，你就会越走越远，越飞越高。

礼仪不仅是挂在脸上的微笑，更是刻在心里的教养。愿我们通过学习礼仪、践行礼仪，让我们的社会更和谐，让我们的生活更美好。

参考文献

[1]南怀瑾. 南怀瑾家风家教［M］. 北京：石油工业出版社，2020.

[2]金正昆. 公务员礼仪［M］. 北京：中国人民大学出版社，2006.

[3]李荣建. 社交礼仪［M］. 4版. 武汉：武汉大学出版社，2020.

[4]李荣建. 中国优秀礼仪文化［M］. 南京：江苏人民出版社，2017.

[5]冯兰，李荣建，关一鸿. 让您的岁月更优雅［M］. 武汉：湖北科学技术出版社，2017.

[6]李思博. 好家风，就是要有仪式感［M］. 北京：北京理工大学出版社，2018.

[7]王烨. 中国古代礼仪［M］. 北京：中国商业出版社，2017.

[8]纪亚飞. 好的礼仪教养在家庭［M］. 北京：中国纺织出版社，2018.

[9]陈君慧. 中华家训大全［M］. 哈尔滨：北方文艺出版社，2013.

[10]王馨. 中国家风家训［M］. 北京：台海出版社，2017.

[11]郭继承. 中华文化要义读本［M］. 北京：中华书局，2019.

[12]张晓梅. 晓梅说礼仪［M］. 北京：中国青年出版社，2008.

[13]周思敏. 你的礼仪价值百万［M］. 北京：中国纺织出版社，2017.

[14]英格丽·张. 你的形象价值百万［M］. 2版. 北京：中国青年出版社，2008.

[15]吕艳芝，冯楠. 现代实用礼仪［M］. 北京：中央广播电视大学出版社，2010.

[16]陈济. 中华文明礼仪［M］. 北京：高等教育出版社，2017.

[17]黄文静. 服务礼仪［M］. 北京：中国财富出版社，2014.